LINE
採用革命!

LINE RECRUIT REVOLUTION!!

斎藤元有輝

standards

はじめに

ある中小企業のセミナーに出席していたときのことです。私は耳を疑いました。そこで、信じられないことを聞いたからです。

「採用人数が前年に比べ2倍になった」

というのです。前年は30人余りだったのが、翌年には60人を超える新卒を採用することができたのです。

中小企業の新卒採用は厳しさを増すばかり。社員数３００人以下の中小企業の新卒求人倍率は、9倍程度との調査結果もあります。

つまり、学生1人に対し、求人が9社あるという状態です。未だかつてない時代に突入しているといっていいでしょう。

そんな中で、この企業は対前年比2倍の新卒人材を確保できたのです。

採用チームの人員を増やしたわけではなく、採用に関する費用を大きく増やしたわけでもありません。特別優秀な人材を採用担当者にしたわけでもないのです。

今までと同じ体制、今までと同じ人員、今までと同じ媒体を使っているのです。それにも関わらず、圧倒的な成果を上げました。

その理由は、一体何なのか？

なぜ、そんなことが可能なのか？

興味を持たずにはおられません。

実は、たった一つだけ変えたことがありました。

LINEを採用に活用する

ということでした。

「LINEさえ始めたら、どんな会社でも採用がうまく行くのか?」

といわれれば、そんな訳はありません。

しかしLINEを使えば、利用していない会社に比べ採用面で優位に立てることは間違いありませんた。ただし、ここでお話ししているLINEは、個人用のLINEではありません。商用アカウントのLINE公式アカウントのことです。

LINE公式アカウントとは、企業向けのLINEのことです。ユニクロや楽天、トヨタも使っているサービスです。まったく同じものが、今では無料で使えるようになったのです。

機能も個人用のLINEとは異なります。本書はLINEの使い方を紹介する本ではありませんので細かい説明は後述しますが、一斉配信できる、複数人で管理できるLINEのことを指します。
　企業向けのアカウントなので、スマホはもちろんパソコンでも利用できます。タブレットでも利用できますが、正式なタブレット用アプリはなく、スマホ用しかありません。ですのでＯＳによっては、アプリがうまく動かないこともあります。その場合は、パソコンの場合と同じく「Ｇｏｏｇｌｅ Ｃｈｒｏｍｅ（クローム）」などの、インターネットブラウザから管理画面に入って使う方法もあります。

　ＬＩＮＥ公式アカウントというと、ユニクロや楽天などの大手チェーンが販売促進で使うのが一般的でした。ところが最近では、採用に活用する企業が少しずつ増えて

個人用のLINEと公式アカウントのLINEはアプリが違う

LINEとLINE公式アカウントは、アプリも別々。新たにダウンロードする必要があります。

きたのです。

なぜ、ＬＩＮＥ公式アカウントを採用に使うのかというと、学生との相性が非常に良いからです。東京工科大学の調査では大学生のＬＩＮＥの利用率は、99％を超えたそうです。

学生のほぼ全員がＬＩＮＥを利用しているので、これを活用しない手はない、と思いませんか？

また、ユニクロなどの大企業が自社の専用アプリだけでなく、ＬＩＮＥを好んで使う理由は、ＬＩＮＥの方がダイレクトに売上につながるからです。最高の営業ツールといっていいでしょう。

「手まめ、口まめ、足まめ」という言葉は、ネットが普及する前には営業の極意とされていました。まめに電話をするのは今の時代に合わない面もあります。しかし、定期的にメールなどで連絡する、あるいは定期的に訪問するなど、接触頻度を高めることは今でも営業の王道だといえるでしょう。

新型コロナウイルスが発生してしまった今、従来と同じ採用方法は通用しなくなる可能性が高いです。求人倍率は間違いなく下がります。しかし片手間でなく、真摯に取り組む企業にとっては、またとない良い人材を採用できるチャンスといえます。

その際、御社にとって強力な武器になるのがＬＩＮＥ公式アカウントである、というわけです。

もちろん、同じ内容ばかり何度もしつこく送るのは避けた方が良いです。「ＬＩＮＥで一斉配信だけ行うのではなく、ときどきは学生一人一人に連絡してみませんか？」ということです。

手まめ ＝ 筆まめを今の時代に合わせて考えると、「ＬＩＮＥマメになりましょう。そうすれば、採用できますよ」ということなのです。

もちろん、セールやキャンペーンなど売り込みばかりＬＩＮＥで送ると、嫌がられ、ブロックされます。

同様に採用でも、学生の都合を考えることなく、自社都合で説明会の案内などばかりしつこく送っていたら、受け取る側の学生も嫌になってブロックされるでしょう。

でも、就活生に役立つ情報を送る。あるいは、社内の雰囲気がわかる内容や社長の思いを送る。このような飽きさせない工夫があること。そして、学生への気配りを感じる内容であること。これなら確実にブロック率は低くなり、学生に歓迎されます。

学生や求職者とＬＩＮＥで繋がり、まめに連絡して信頼関係を作るということ……これは何も特別なことではありません。きめ細かに対応する企業が少ないので、ていねいに対応すれば応募する人は増えるという、当たり前の話なのです。

一方は、忘れたころに一斉メールを送ってくるだけの企業。もう一方は、定期的にＬＩＮＥでメッセージが届き、個別ＬＩＮＥも送られ学生により添う企業。学生はどちらの企業に好感を持つでしょうか？　すぐに答えは出ると思います。

ＬＩＮＥ採用法というと、一見型破りな方法をイメージする方もおられるかもしれません。でも、実は、当たり前のことを当たり前にやるだけなのです。

もちろん、当たり前のこととはいえ、やり方にコツがあるのは間違いありません。同じツールを使っても、使い方により大きな差が出ます。

例えば車の運転を考えると、同じ車に乗っても上手い人と下手な人がいます。車の運転とＬＩＮＥ採用法の上手下手は同じようなものと考えてください。

本書では、ＬＩＮＥを上手く採用に活用するコツを完全公開します。

では、ＬＩＮＥをどう使えば採用に効果的なのか？

このことを、本書では事例を交えながら具体的にお伝えします。

「ＬＩＮＥを採用に活用しましょう！」

と聞いて、あなたはどんなイメージをお持ちでしょうか？

「家内やこどもなど家族とＬＩＮＥでやり取りするだけ」
「ごく親しい友人とやり取りする程度」

そうお答えになる方が多いかもしれません。特に、経営者の方や幹部社員の方なら。ＬＩＮＥを仕事で、まして採用で使うなんてあり得ない、とお考えの方もいらっしゃるかもしれません。あるいは、「ＬＩＮＥは、若い子が使うものでしょ」とお考えかもしれません。

後ほど詳しくお伝えしますが、大学生のＬＩＮＥ利用率は、今や9割を超えている、という事実をご存知でしょうか？

[採用]静岡銀行
静岡銀行
宮崎県職員採用
宮崎県職員
浜松市役所 職員採用情報
浜松市役所
AEON
イオンリテール新卒採用2021
イオンリテール
宮崎県教員採用
宮崎県教員
JT
JT新卒採用
JT
KIRIN Recruit
キリン新卒採用
キリン
SONY
ソニー｜新卒採用
ソニー

本気で大学生を採用したいとお考えであれば、大学生がもっとも使うツールを使ったほうが良いと思うのですが、いかがでしょうか？

しかも、利用しているのは、**わずかな企業だけなのです。**

今、御社がＬＩＮＥを採用ツールとして使い始めると、大きなアドバンテージを手にすることができます。

革新的なアイデアは、出現した当初は異質に感じるものだと思います。スマホも、初期は新しモノ好きの人たちが使うだけでしたが、今では当たり前のものになりました。

インターネットでのエントリーが当たり前になったように、数年でＬＩＮＥ採用も当たり前になるでしょう。この本を手にしてくださっ

LINE採用アカウントの一例

愛知県警察本部　みずほファイナンシャルグループ　日本生命　NTTコムウェア

たあなたには、いち早くＬＩＮＥ採用を始めて、**先行者利益を手にしてほしい**、心からそう願っております。

たくさん良いところをお持ちなのに、発信のやり方がわからず採用に苦労されている会社があります。御社にとって出会えていれば、採用できたかもしれない学生や求職者に出会えないのは損失です。求職者や学生にとっても、良い企業に出会えないことは、損失です。

「勝てる採用戦略を中小企業にお伝えしたい」

そんな思いで本書を書きました。

もくじ

第四章

LINEを上手く使った企業の成功事例

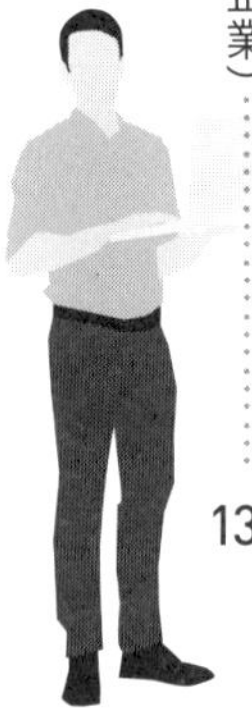

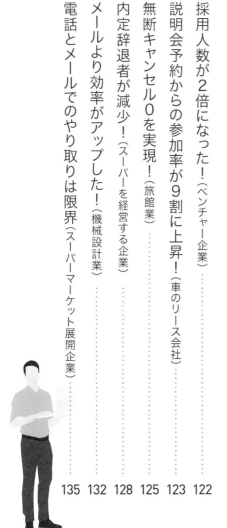

第五章

LINEを採用ツールに使うコツ　139

第八章 YouTube活用で差をつける

CHAPTER 1

第一章

中小企業の採用は大企業のやり方を真似してはいけない!

LINE RECRUIT REVOLUTION!!

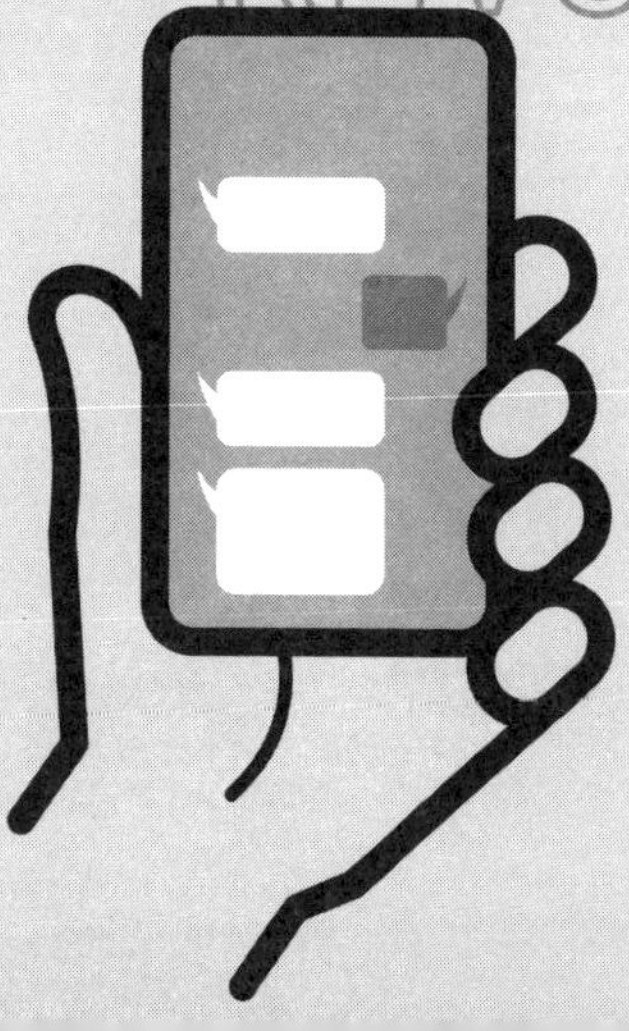

中小企業の新卒求人倍率は、9倍！

リクルートワークス研究所の調査によると、2020年3月卒業の大学生・大学院生に対する求人倍率は1・83倍とのことです。

ところが、中小企業に限れば8・62倍とかなりの高水準となっています。求人に対して36・5万人の人材不足状態だというのです。前年の9・91倍から1・29ポイント低下していますが、依然として高水準。従業員5,000人以上の大企業では0・42倍と企業規模において、求人倍率はまったく違います。

したがって、放っておいても多くのエントリーがある大企業や有名企業と、何もしないでいたらエントリーが集まらない中小企業が同じやり方ではうまくいくはずがありません。

ある大企業では、1万人のエントリーがあり、100人程度に内定を出すそうです。倍率100倍ですね。これだけ応募があると、時間をかけて採用なんてできません。ですから彼らは、いかに効率良く優秀な学生を取りこぼしなく採用するか、ということに意識が向きます。良い悪いではなく、物理的にそうならざるを得ないでしょう。

コクヨの場合は倍率200倍

数年前の情報ではありますが、コクヨの採用担当者の方のインタビュー記事によると、コクヨの場合、4,000人のエントリーで20人の内定を目安にしていたとのことで、採用倍率200倍です。

また、資生堂の場合、1万人が応募すると聞きます。採用は、数十人から100人。採用倍率は、100倍強です。応募する学生も少ない中小企業と比べると、知名度の高い大企業とは、いかに状況が違うかおわかりいただけると思います。

参考として就職四季報の採用倍率ランキング上位の企業のデータを見ていきましょう（2014年のものでやや古いのですが、お許しください）。応募者数は、参考になると思いますので、採用予定者数がわかれば採用倍率もわかります。

1位は、食品メーカーの明治で事務系総合職は応募者1万1,000人に対して内定者は4人。倍率は、驚異の2,750倍ですが、内定者が少な過ぎるのであまり参考にはならない数字ですね。

2位は、繊維商社の蝶理で採用倍率は、552倍。5,519人の応募に対して、内定者が10人とこれまた少ないので、倍率が非常に高い数値となっています。

3位は森永乳業で採用倍率は、533倍。応募者9,600人に対し、内定者18人。やはり、企業規模を考えると少なめです。

就職四季報 採用倍率ランキング

順位	社名	業種	事務系総合職倍率(倍)	事務系総合職応募者数(人)	事務系総合職内定者数(人)
1	明治	食品・水産	2,750	約11,000	4
2	蝶理	商社・卸売業	552	5,519	10
3	森永乳業	食品・水産	533	約9,600	18
4	ピジョン	その他メーカー	459	3,675	8
5	チュチュアンナ	その他小売業	448	1,791	4
6	味の素ゼネラルフーズ	食品・水産	376	5,645	15
7	ヤクルト本社	食品・水産	318	約7,000	22
8	文溪堂	出版	312	312	1
9	カゴメ	食品・水産	308	10,172	33
10	帝人	化学	303	6,371	21
11	日本合成化学工業	化学	298	893	3
12	ノバレーゼ	その他サービス	297	8,600	29
13	オルガノ	機械	277	554	2
14	サントリー食品インターナショナル	食品・水産	275	約11,000	40
15	ハウス食品(ハウス食品グループ)	食品・水産	268	6,166	23

データは2014年のもの(東洋経済ONLINEより)。

この年は、食品メーカーの採用倍率が軒並み高くなっています。味の素ゼネラルフーヅは6位で376倍。5,645人の応募に対し、内定者15人とこれまた狭き門です。

続いて、ヤクルト本社が7位で318倍。7,000人の応募に対し、内定者22人。次は、カゴメで9位、308倍。10,172人の応募に対し、内定者33人。

このようにトップ10の半分を食品メーカーが占めるという、結果となっています。さらに。11位以下でも、サントリー食品インターナショナルが14位で275倍。ハウス食品グループが15位で268倍。味の素が16位で267倍と続きます。

化学メーカーも採用倍率が高く、帝人は、10位で303倍となっています。応募者が6371人で内定者が21人です。やはり、企業規模の割に内定者が少ないため、非常に高い倍率となっています。

その他の化学メーカーでは、クラレが18位で250倍。東レが25位で213倍となっています。

マスコミは、高倍率の印象がありますが、意外なことに食品メーカーや化学メーカーよりも低いのです。東海テレビ放送が28位で192倍。讀賣テレビ放送が32位で181倍となっています。意外だなあと思ったら、キー局5社は、集計対象外（算出不可4社・回答拒否1社）とのことでした。

採用の考え方がまるで違う

このように知名度の高い企業では、圧倒的にエントリーが集まるので、エントリーをどうやって集めるかではなく、どうやって人を選ぶか？　をメインに考えざるを得ないでしょう。

しかし中小企業の場合、そもそも何十人も新卒採用する会社は少数です。せいぜい10人前後でしょう。数人採用するという会社が大半かと思います。

釈迦に説法となることを恐れずいえば、そういう意味で、大企業と中小企業の新卒採用はまったく別物である、ということをしっかりと認識した上で新卒採用に取り組む必要があることをご理解ください。

というわけで、大企業と中小企業とでは新卒採用市場において、採用の仕方を変えなければいけません。戦力がまるで違うので、戦い方を変えるのは当たり前のことです。

LINEを使うことで
その差を埋めることができる

ところが、実際に、現実の採用方法を見てみると、いかがでしょう?

大企業と同じ採用ポータルサイトに掲載し、同じ合同企業イベントに参加する。これは鉄板ともいうべき採用方法なので、決して否定しているわけではありません。

私がお尋ねしたいのは、採用ポータルサイトや合同説明会への参加以外に「どんな手を打っていらっしゃいますか?」ということです。

LINEを採用ツールに使うなど、新しい取り組みをしているところは「はじめに」でお伝えした企業のように、大きな成果を上げるところもあるのです。

もちろん、この会社だけではありません。後ほど他にも事例をご紹介しますが、いち早くLINE採用に取り組んでいるところでは、大きな成果を上げているのです。

あなたの会社でも、LINEを採用ツールの一つとして、今すぐ取り組みを始めてみませんか?

今なら、先行者優位を手に入れることができます。それが、本書を通じてあなたに最もお伝えしたいことです。

新卒採用か中途採用か？

「新卒は採用できない」という声を耳にします。だから、「中途採用だけでいい」とお考えになる気持ちもよくわかります。私も同じ経営者ですから。人間、成果が出ないことほどつらいものはありません。しかも、決して安くない金額を投資しているわけですし。

ところで、大卒の新卒採用は、なぜ難しいのでしょうか？

例えば、あなたの業種が小売業だとすれば、競争相手は基本的に同じ業種のほかの店舗となります。その地域も同じか近いことが多いでしょう。

しかし新卒採用の場合、業種は関係ありません。規模も関係ありません。地域も全国です。

実際の商売よりもはるかに厳しい戦いを強いられるのが新卒採用なのです。

大卒の新卒採用はトヨタなど巨大企業を含め、企業規模に関係なく一斉に採用を始めます。採用ポータルサイトには、知名度の高い有名企業も掲載しています。大企業とまったく同じ土俵で中小企業は戦わざるをえません。

学生は、どうしても名前を知っている企業から見てしまいがちです。大企業なので企業によっては採用予算を多く確保して、有料オプションを使うところもあるでしょう。すると、上位に表示されます。ただでさえアクセスが多く注目されやすいのに、有料オプションを使って上位表示されると、中小企業の勝ち目はほぼありません。

「最初から負け戦がわかっているなら、新卒採用しても意味がないのでは?」と思われるのも無理はありません。

私がお伝えしたいのは、悲観的になってほしいわけではありませんし、あきらめてほしいわけでもありません。

「厳しい戦いということを知った上で戦い方を考えましょう」

とお伝えしたいのです。採用ポータルサイトへの出稿を止めて、それでも新卒採用に成功した中小企業もあります。戦い方次第です。

何の戦略もなく、採用ポータルサイトにただ掲載するだけでは、採用できる可能性は非常に低いといわざるを得ません。

しかし採用戦略を練り、しっかり準備をすれば共感してくれる学生を採用できる可能性は大いにあります。就活イベントも同様です。大企業と一緒に出展しても中小企業のブースには、ほとんど学生は来てくれません。ブースのスペース、ブースの飾りつけ、スタッフの数など力の差を見せつけられるのです。

では、就活イベントへの出展は意味がないのか？　というと、そんなことはありません。大手が出ないイベントもあります。人通りが多い場所に出店したから繁盛店になるとは限りません。人通りが少ない場所でも繁盛店はあります。

同じように、学生がたくさん来なくても採用に繋がりやすい就活イベントはあるのです。

以上のようなことを考えると、新卒は採用できないからと最初から諦めてしまっていいのでしょうか？　もし定期的に新卒採用できる財務力がある企業であれば、私は新卒採用にチャレンジすべきだと思います。

なぜなら、新卒採用に取り組むことで、自社を見つめ直す良い機会になるからです。学生の傾向もわかります。景気や世相を反映し、時代の変化に敏感になります。

では、中途採用は不要なのか？　といえば、多様な人材を採用できるという点から考えると中途採用もやはり重要です。欠員補充という従来の中小企業にありがちな、守りの採用ではなく、欲しい人材を採りに行くという攻めの姿勢が必要な時代になりつつあります。

これからは両者が同じぐらい重要になる

結論から申しますと、これからは、新卒採用も中途採用もどちらにも力を入れる必要があるということです。今までのやり方、考え方を完全に改めるくらいの覚悟が必要な時代になっています。

その大きな流れが表われている理由の一つは、トヨタが中途採用の比率を最終的に5割にする方針を決めたことです。日本で一番大きな会社が新卒中心の採用から大きく舵を切りました。

その背景を説明しましょう。トヨタを含めた自動車業界は今、電気自動車化の流れ、ＡＩの台頭、自動運転の普及……など大きな転機を迎えています。

自動車で一番重要であったエンジンの優先度が下がり、バッテリーでモーターを回す構造が主流となり、パーツの多くが電子部品となっていきます。それに加え今までは異業種だった、ＧｏｏｇｌｅやＡｐｐｌｅなどＩＴの巨人も自動車業界に参入してきます。職人がエンジンを独自の技術で作り上げていた時代から、電子部品がクルマを動かす時代へと変わっていくのです。今までの自動車の概念が大きく変わりつつあります。このように変化が早くなると、優秀な即戦力人材を獲得していくことの重要度は必然的に大きく増していくでしょう。

トヨタの豊田章男社長自身が「終身雇用を守っていくのは難しい局面に入ってきた」と発言しています。今後は優秀な即戦力人材を獲得するために、高額な給与を払うケースも出てくるでしょう。トヨタも大きな変化を迫られているわけです。

転職者数も大きく増えています。２０１９年の転職者数は、３５１万人と過去最多を記録しました。これだけ転職を希望する方が増えているということは、メリットとデメリットの両面があります。人材を確保するチャンスがあると共に、人材流出の危険性もあるということです。

このような理由から、中途採用市場は今後大きく動くでしょう。また、ハローワークや採用媒体だけでなく、ｉｎｄｅｅｄ、採用サイト、紹介採用、スカウトなど採用手法も多様化していくはずです。

新卒採用も通年採用など大きく変わっていきます。採用の変化に対応しないと、おいてけぼりになってしまうので、ご注目ください。

「逃げ」の中途採用と「攻め」の中途採用

中小企業の場合、**「うちでは、なかなか新卒は採用できない」**とお考えの会社が多いかもしれません。その場合、**「人員は必要だから、中途採用でいい」**という後ろ向きな考えになりがちなのが気になります。本来なら、もっと採用のポテンシャルがあるのに、経営者があきらめるのはもったいないです。というのも、ご存じの通り労働人口は今後も減り続けます。新卒一括採用が崩れ、早期離職が増えると、中途採用市場が活性化します。就社の意識がますます希薄になり、転職への抵抗が減るでしょう。

ただでさえ、中途採用が難しくなっているのに、今まで中途採用に力を入れてこなかった大手が本腰を入れようとしているのです。自動車業界だけでも、今後はトヨタだけでなく、ホンダや日産も中途採用を強化する姿勢を打ち出しています。中途採用市場は、今後大きく変化するのは必然です。
それに伴い、転職に対する意識が大きく変わることが予想されます。したがって、ＬＩＮＥという若年層にアピールでき、無料でも使えるツールの活用を始める。それが、中小企業にとって、良い人材を確保するために、大変重要な採用戦術になります。

中途採用でも優秀な方は、もちろんいらっしゃいます。ただ中途採用の場合、転職希望の方がどこにいるかわからないのが問題です。いつ転職するか、転職する時期もわかりません。さらにこちらが採用できる時期と採用人数が明確になりにくいので、採用計画が立てづらいという状況になりがちです。

ですから、中途採用の場合、どうしても受け身の採用活動になってしまいます。そんな中で、転職希望のサイトに登録している人にスカウトメールを送るという、攻めの中途採用手法も出てきました。今後、伸びていくかもしれませんが、今はまだ発展途上です。
とはいえ、企業が急成長したり、新規事業を始めたり、予期せぬ退職があったり、多店舗展開する場合や新卒が思ったように採れなかった場合など、新卒だけでは間に合わないケースも当然出てくるでしょう。

なので、中途採用も引き続き行いながら**「LINEを採用に使うという、新しいやり方で新卒採用にチャレンジしてみませんか？」**というのが本書の提案です。

LINEはコミュニケーションツールなので、企業も学生もお互いに連絡が取りやすいのは当たり前です。

新卒採用のメリット

新卒採用のメリットの一つは、こちらから学生に会いに行くことができるという点です。

中途採用の場合でも、第2新卒向け合同説明会などのイベントやIターン、Jターン希望者向けのイベントがあります。しかし新卒に比べると、絶対数が少ないため良い人材に会える可能性は高くありません。

新卒採用であれば、今後は通年採用や早期インターンからの採用という動きが加速するでしょうが、現時点では大学3年生の3月などの決まった時期に就職活動を始める学生は多く存在します。

就職活動を一斉に始めるので、絶対数が多いのが特徴です。また、首都圏はもちろん、地方で開催される合同説明会もあり、イベントに参加して直接学生に触れ合うことができます。対面で会い、一方通行にならないように、採用に対する思いを伝えることができれば、少しは興味を持ってくれる学生も現れるでしょう。もちろん、事前準備は必要ですが。

「即戦力」は万能ではない

中途採用のメリットとして、即戦力であるといわれます。しかし実際のところ、いかがでしょう。本当に、即戦力でしょうか?

技術者やエンジニアなど特別な職種を除き、同業他社から転職するのでない限り、本当に即戦力となる人材は、多くないと感じます。

弊社は、社員数人の小さな会社ですが、取引先や知人を見ていて思うことがあります。中途採用で力を発揮しやすい業界とそうでない業界があるということです。

例えば、出版業界。特に編集者は、いろいろな出版社に転職する方が多いです。私も本を出した関係で何人かの編集者を知っています。そのほとんどが転職して、別の出版社に移っています。編集というスキルを身につけていれば、会社を変わっても十分に能力を発揮できるでしょう。少なくとも私が知っている編集者さんは、転職によりステップアップされた方がほとんどです。

また中途入社の場合、社会人としての基本はできていることが多いでしょう。最近は、残念ながらそうでもない人もいるようですが。そういう例をお伝えしておきましょう。


半年ほど前、弊社が得意先訪問をしてくれる社員を募集していた時のことです。弊社は、オフィス用品とオフィス機器の販売を主な事業としています。

当初、ハローワークに求人票を出していましたが、反応がありません。数カ月経過してもまったく反応がないので「人材派遣会社に頼んでみようか」と思って、訪問したのです。たまたま、所長が応対してくれました。


「得意先回りをしてくれる方を探しています」

「営業ではないので、ノルマはありません」

「車の運転ができて、挨拶ができれば良いです」

「難しい仕事ではありません」

「普通の方ならできると思いますが、どうでしょう?」

所長の返事は、信じられないものでした。

「社長、今は、その普通が普通ではありません」

「挨拶できるのは、今は、当たり前じゃないんです」

「派遣登録者の希望の大半は事務職希望です」

「そのため、ご希望に沿えるのは、難しいと思います」

商品知識や業界特有のスキル、あるいは特別なパソコンのテクニックなど一切必要ありません。それこそ、編集者のようなスキルも生保の営業マンのような営業力も通訳のような語学力もいりません。

挨拶して、定期的に訪問する、ただそれだけです。ですから私は、ごく普通のことだと考えていました。挨拶ができて、社会人として一般的なマナーがあればいいと。でも、それが今では当たり前ではないといわれたのです。

正直、大きなショックを受けました。驚きました。しかし、現状を嘆いていても、何も変りません。「根本から考え方を変える必要があるな」と感じたのです。

中途採用のメリット

東京に出張した際、都内でコンビニに行ったり、ファミレスなど飲食店に行くと、外国人の方が増えたなと感じます。ですから、外食産業などを中心に採用難で、新卒採用はもちろん中途採用もきびしい状況だとは感じていました。しかし、弊社のような地方の場合でもここまで厳しいとは、予想していませんでした。

この時は、有料媒体への掲載は、検討していませんでしたので、求人票を見直すことを考えました。仕事内容をできるだけ詳しく書くのはもちろん、さらに、休暇が取りやすいこと、また、小さなお子さんがいるお母さんが対象なので、発熱など急なトラブルでも休めることや退職率が低いことなど、できるだけ詳しく載せて再度提出しました。

すると、今度はありがたいことに比較的早く応募があり、無事採用することができました。入社してくれた彼女の場合、下のお子さんを保育園に預けることができるようになったので、仕事を探していたのです。仕事を探し始めた時に、たまたま弊社の求人票を見つけたというわけです。

大学卒業後、大手の教育関連企業に就職され、結婚後に退職。お子さんが生まれたので、専業主婦を数年していたとのことでした。

退職理由が明確なので、こちらも安心して採用できました。期待通り誠実な仕事ぶりで助かっています。新卒のように手取り足取り教えることは、ありません。業務に必要なことは、社員が教えています。

中途採用の場合「早く採用したい」という事情のことが多いと思いますが、今回の経験から、あせって採用することは企業にとっても求職者にとっても良くないことだと感じました。

このようにハローワークも、職種や時期によっては有効です。少なくとも、弊社の場合は、良い人を採用することができましたので。

今は、インターネット上にもハローワークの求人票が公開されますし、すべての求人票ではないようですが、「ｉｎｄｅｅｄ」にも掲載されます。

（※ｉｎｄｅｅｄ……求人情報に特化した検索エンジンで、２０１２年にリクルートが買収）

つまり、以前よりも、ネットで求人票を求職者が目にする可能性は、格段に高まっているのです。ということで、中途採用をお考えの場合は、ハローワークも今一度見直しされることをお勧めします。

その際は、「ハローワーク版　すごい求人票」（山崎広樹：著　スタンダーズ刊行）をお読みになるといいでしょう。ハローワークの求人票の書き方について詳しく書かれています。

中途採用のメリットの一つとして、新卒採用だけで補えない時期の採用にも対応できることが挙げられますが、もう一つの重要なメリットとして、弊社のようにパート採用の場合など、新卒では来てもらえないタイプの人に来てもらえる可能性があるというのは大きいです。

即戦力が本当に要求される企業も中にはある

私の知る範囲で、中途採用が中心どころではなく、大半を中途採用で採用をしていた企業があります。外資系生命保険のプルデンシャル生命保険です。この会社の採用手法は、独特でした。特徴は次の通りです。

①営業マンは中途採用
②前職が営業職
③トップセールスマンもしくは優秀な営業実績を持つ
④大卒
⑤男性
⑥紹介やスカウトで採用

以前の職場やお客様などの人脈をフルに活用して営業するというやり方で、当時は、大卒の男性のみをヘッドハンティングしていました。その後、女性も採用するようになったようです。国内の大手生命保険は、地方の場合、中年女性が中心だったので、真逆の人材を採用する戦略なのだと感じていました。

元弊社を担当していた営業マンがプルデンシャル生命保険に転職したことで話を聞きました。それまでの日本の生命保険のやり方とは全く違う営業方法で画期的だと思うと共に驚きました。

採用方法も非常に戦略的で大いに成果を上げていました。彼以外にも何人もプルデンシャル生命保険の営業マンになった知り合いがいるのですが、営業成績をある程度残していても、数年で退職する方が大半でした。

その理由は成果報酬型の給与体系にあるでしょう。売れば高額な給与になる反面、絶えず数字に追われる世界なので、非常に厳しい世界なのは間違いありません。

一般的な企業の採用とは、かなり異なると思いますが、即戦力ということでは、プルデンシャル生命のようなやり方もあると思います。

ただし、このやり方は、差別化された営業戦略と商品力、人脈を生かした営業、高額報酬という要素が組み合わさって実現できています。このような差別化された武器なしに、いきなり紹介による即戦力採用を始めるのは、リスクが高いと思いますので、慎重にお取り組みください。

ここでご紹介したのは、即戦力採用でうまく行っているケースもある、という意味でお伝えしました。

固定給ではない、プロ営業マンの厳しい世界なので、一般企業とは勝手が違うと思いますし、生存競争の本当に厳しい世界です。

ただ、今後のトレンドを考えると、紹介による中途採用やスカウトによる中途採用は、ますます重要になります。中途採用における選択肢の一つとして、お考えください。

中途採用のデメリット

一方、中途採用のデメリットをお考えになったことがありますか？

社員が20人ほどいたときの地方の中小企業経営者としての私の失敗談をお話しします。中途採用のデメリットは、前職のクセがなかなか抜けないということです。早い話が、私に人を見る目がなかったということですが、読者のあなたに参考にしていただけたらと思い、恥を忍んでお話しします。

私の会社にいた、ある2人の社員の話です。1人は前職は正社員ですが、派遣社員のように給与が時給で計算される仕事でした。

そのため、どうしても成果でなく、時間に意識が向いてしまうのです。「長く働けば給与が増える」という考え方が退職するまで抜けませんでした。工場の製造現場のように、長時間働けば、その分生産量が増える仕事なら問題ありません。しかし、営業職の場合、全然話が変わります。長時間働いている人が営業成績が良いとは限りませんので。

私は、人材派遣を否定しているわけではありません。誤解のないようにお願いします。人材派遣は素晴らしい仕組みだと思います。実際、弊社でも利用したことがありますし、営業の欠員が出たときには本当に助かりました。派遣社員から正式な手続きを経て、ウチの社員に転籍してもらった人もいるくらいです。

ただ、派遣の仕事だけしか経験がないという場合は、注意が必要だと考えています。もちろん、例外はあります。同じ派遣の仕事であれば、特に問題ないでしょう。

「1時間働けば何円」という感覚が抜けるかどうか、ここが採用判断の基準だと感じました。

もう1人は、前職が営業職でした。成熟した業界で、営業もある程度パターン化されているという特徴がありました。そのため、自分で仕事を作りだすような仕事へとなかなか意識を変えることができませんでした。

例えば、飛び込みで個人宅を訪問する住宅リフォーム営業と代理店を訪問するルート営業では、同じ営業でも全く違うように、営業といっても多種多様です。

適性検査の結果は、すごく優秀でした。ですから「もったいない」と思いましたが、社員自身の考え方を変えるのは想像以上に大変です。

適性検査は特別なものではありません。GoogleやYahoo!で「適性検査」と検索すると、たくさん出てきます。資料請求をして、価格などを考慮してご利用になるといいでしょう。

一例を上げると、ダイヤモンド社も適性検査を提供しています。ネットと紙、どちらでも受験できます。特徴は、紙の適性検査でも、診断結果が社内ですぐにわかることです。

適性検査とはこういうもの

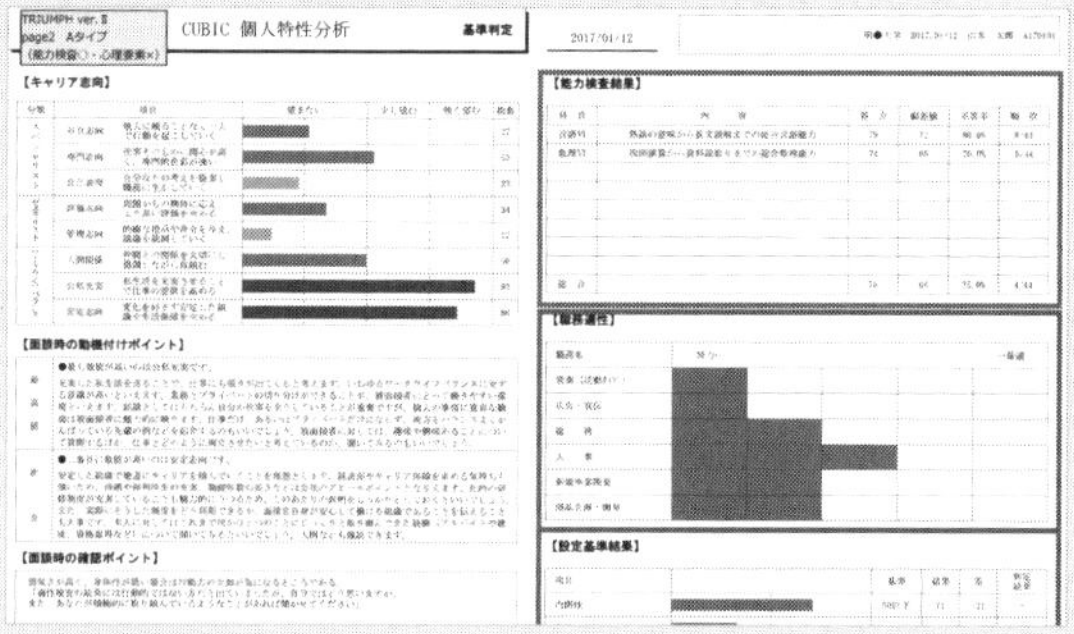

適性検査によっては、どの業務に向いているかだけでなく、面接時のポイントまで教えてくれるものもある。

社内Ｗｉ－Ｆｉとノートパソコンやタブレットなどのネット環境が準備できるなら、ネットで受けてもいいと思います。

紙の適性検査でも、数時間から1日程度で結果が出ることが多いです。しかし、数時間以上かかるなら、同じ日に適性検査と面接と行うのは、無理があります。

ダイヤモンド社の場合だと、紙の適性検査でも無理なく同日で行えます。

私は、初めて適性検査を利用するまでは、適性検査をナメていました。「検査で何がわかるのか？」と考えていました。しかし、考え方のクセや性格など、思った以上に細かくわかることに驚きました。

今では、ネットで受講できるものもあり、検査結果がすぐにわかるものもあります。面接の前に適性検査を受けてもらい、結果が出てから面接するということも可能になりました。

適性検査の結果を過信せず、面接の際に前職の経験などをもっとしっかりと確認すべきでした。採用に踏み切りましたが、うまくいきませんでした。私の確認不足で、ミスマッチをしてしまったと反省しています。

このように中途採用の場合、新卒のように一から社会人教育をするのではない、というところに難しさがあります。新卒採用と中途採用にも一長一短あるということです。

今回この本でお伝えするのは、新卒採用の話題が多いですが、大半は中途採用にも使える方法です。

面接の回数やエントリーシートなど採用過程が違うだけで、採用業務は新卒も中途も同じなので。

そういう意味で、「ウチでは、まだ新卒採用を行っていない」という方は、中途採用にも使えるという視点でお読みいただけたら嬉しく思います。

コラム
COLUMN

新卒社員の教育体制

私自身のことを考えてみても、最初の勤務先と初めての上司の影響は大きいと思います。新入社員時の上司は、尊敬できる方で、後に常務にまで昇進された人望のある方でした。この上司に教えていただいたことが、私の社会人としてのベースになっているのは、間違いありません。

私の弟の場合は、反対のパターンでした。「家業を手伝うなら、同じ業界の企業が勉強になるのでは」と同業で規模の大きな企業に就職したのです。ところが、配属先の上司と初めて同行して、失望し、退職したいといってきました。そのまま辛抱させるという案もありましたが、教育してくれる会社ではなさそうでした。

仕方ないので、取引のある会社にお願いして、中途で入れて頂きました。

中小企業でも、社員教育に力を入れ、しっかりお考えの会社もあると思います。しかし、中には、ほとんど教育体制のない企業があるのも事実です。

そういう意味で、中途採用の場合、新卒で入った会社の影響を良くも悪くも色濃く受けるので、面接時に、しっかり確認されることをお勧めします。

コラム
COLUMN

定期的に社員を採用することのメリット

新卒にせよ中途にせよ、若手社員を採用するメリットの一つは、既存社員が活性化することです。意識改革といってもいいでしょう。昔の話ですが、私が新入社員で営業部に所属していたころ、屋根裏部屋のような狭い部屋に私の課と隣の課が入っていました。隣の課には私より1つ年上の先輩がいました。隣の課には私と同期の配属はなかったのです。

課が違うといっても、同じ営業部であることもあり、若い社員が多く、すごく仲が良かったです。会社帰りに飲みに行くこともありましたし、先輩が結婚したら家に呼ばれたこともありました。

しかし隣の課では、私と同期入社の配属がなかったので、2年間は、私より1つ上の先輩が一番下っ端のままでした。幸い翌年には、私の一つ下の者が隣の課に配属になりました。先輩は、初めて自分の直接の後輩ができたので、どことなく嬉しそうでした。

また、新入社員にいいところを見せようと思ったかどうかはわかりませんが、以前よりも仕事に精を出しているように感じました。

もし、隣の課に配属がなく、何年もそのままだとしたら、おそらく先輩のモチベーションは下がっていっただろうと思います。場合によると、退職を考えていたかもしれません。大学や高校の部活動に似たところがあります。後輩ができると嬉しいと感じる気持ちに、今も昔も関係ないと思いますが、いかがでしょうか?

ほかにも新たに採用するメリットはあります。新しい社員が入社すると、外部関係者からの評価が高まることが期待できます。

たとえば、お客様にもいい印象を持ってもらえることが多いしょう。

「新しい方が入ったんですね」と。新しく社員が入ると、なんとなく成長しているような感じを受けますし、良い印象を持つ方が多いと感じます。

仕入先の担当者も同様でしょう。良い印象を持ちますし、勢いのある会社だから、しっかり営業して取引を増やしたいと思うでしょう。また仕入先の社長や幹部からしても、プラス材料です。銀行の場合、会社の継続性を気にしますから、若い社員が入ってくるのは、安心材料になります。

CHAPTER

2

第二章

採用を成功させる8つの
チェックポイント

LINE RECRUIT
REVOLUTION!!

この章では、中小企業が採用に成功するためのポイントを8つに分けて解説していきましょう。

1　ムダな採用コストをかけていませんか？

冒頭にご紹介した企業は、大きな成果を上げているだけでなく、「採用コストも削減した」というのです。新卒の採用人数が2倍になったのに、コストダウンもできたとは信じがたい成果です。

「採用人数が倍増、それなのに採用コストはダウン？」

驚きました。中小企業にとって、採用難のこのご時世に信じられないような成果を上げています。一体どんなマジックを使ったのでしょうか？

特別な手法は使っていない

話を聞いて納得しました。この会社にしかできないような特別なことをやったわけではありませんでした。一つ一つの採用プロセスを見直し、精度を高めたのです。

例えば、合同説明会から自社の単独説明会への参加率を高めたり、自社説明会から一時面接に進む割合を高めるようにしたわけです。媒体コストは抑えながら、合同説明会でブースに来てくれた学生をフォローして、自社説明会に参加してくれるようにしたのです。

その結果、媒体コストは抑えたのに、成果は上がりました。それぞれの段階で、ＬＩＮＥをとことん活用したのは、いうまでもありません。

誤解しないでいただきたいのですが、マイナビやリクナビなど大手採用媒体への出稿を止めましょう、ということではありません。最低でも、どちらかの媒体への出稿は、新卒採用を考えるなら、必要条件といえるでしょう。最近では、マイナビの方が優勢になっている印象を受けます。

マイナビとリクナビ

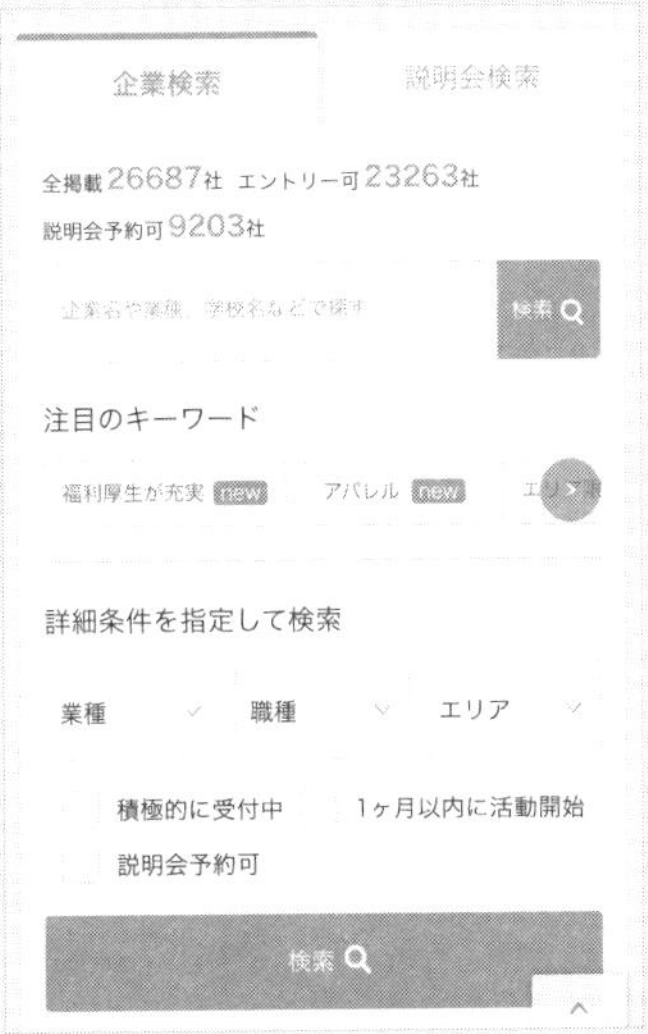

マイナビのスマホサイト トップページ
「企業名で探す」が一番上に大きく表示され目立つので、知名度が高い企業が有利。エリア、業種などで絞り込むができる。どのように絞り込むと自社が表示されるのか確認してください。

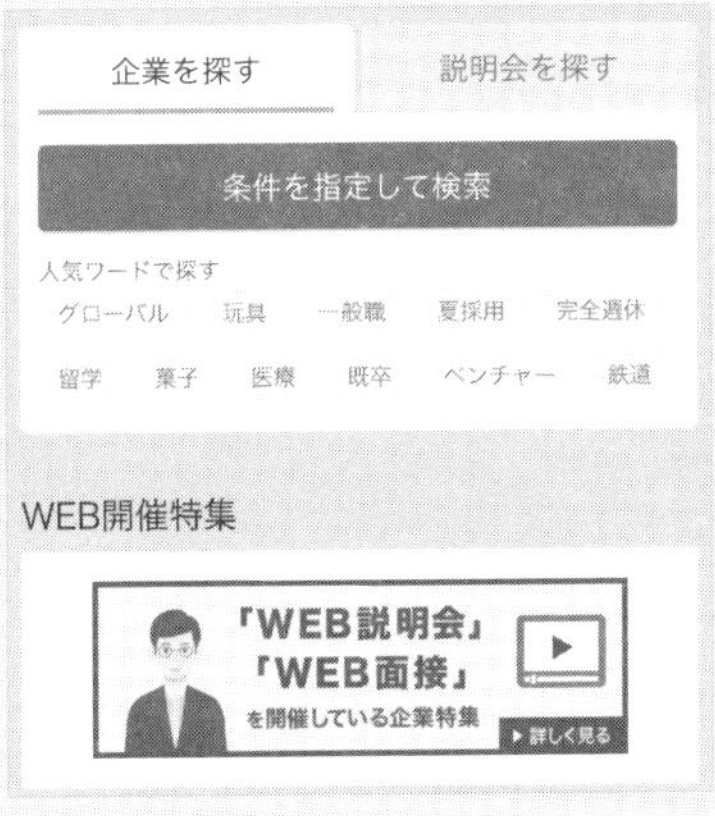

リクナビのスマホサイト トップページ
やはり、企業名で検索が一番上にあり目立つ。検索回数の多いワード表示も。検索ワードが自社の対象となる場合もあるので、注目したい。

コラム
COLUMN

マイナビが少しずつ優勢に

Googleが提供している「Googleトレンド」という、検索キーワードの検索数のトレンドを知ることができるツールがあります。マイナビとリクナビを比較してみると、2015年頃までは、ほぼ同じです。しかし、2017年から、少しづつ確実に、マイナビがリクナビを上回っています。

検索数だけで決めつけることはできません。しかし、一つの目安になるのは間違いないでしょう。

どうやってインパクトを残すか？

リクナビでもマイナビでも、採用ポータルサイトには、オプションがたくさんあります。最も利用する学生が多いといわれるマイナビの場合、画像付きメッセージの発信ができ、同日到着内メッセージの中で上位表示するオプションがあります。その他、学生がポータルサイト内で検索した際、上位に表示される広告など各種広告があります。

御社がすでにオプションを利用中で成果が出ているなら、オプションを継続すべきです。

しかし、現在、オプションをつけているのに成果が出ていないなら、一度見直すことをお考えください。十分な準備ができていないのに、いろいろなオプションをつけてもエントリーは増えません。

ポータルサイト上では、掲載社数が多すぎて違いがよくわからないからです。

それから、マイナビやリクナビなどの大手ポータルサイト上で特徴を伝えるには、無理があります。掲載スペースに限りがあり、掲載フォーマットも同じだからです（※オプションで追加情報も掲載可）。

そのため、学生からすると、各社の違いが伝わりにくく、就職は一大事とはいえ、だんだんと面倒になってきます。やがて、**知名度のある会社を選ぶ**という行動を取りがちです。

そのため、どこかの時点で「この会社、なんか面白そうだな」や、「なんとなく良さそう会社だな」と思ってもらえるような、何かしらのインパクトを残さなければなりません。

そのためには、さきほどの**大手採用ポータルサイトから自社サイトなどへの導線**をしっかり考えることが重要です。

中小企業やベンチャー企業では、Ｔｗｉｔｔｅｒを採用に利用する会社が目につきます。Ｔｗｉｔｔｅｒの国内利用者は、４，５００万人といわれており、学生を始め、10代や20代の利用者が多いという特徴があります。

Ｔｗｉｔｔｅｒの具体的な活用方法は後述していますが、Ｔｗｉｔｔｅｒを採用に活用しているというだけでも、「進んでいる企業だ」というイメージを持ってもらえます。それだけで決まるわけではありませんが、確実にポイントは稼げます。Ｔｗｉｔｔｅｒで交流した、ある中小企業の採用担当者は、「大手ポータルサイトの利用をやめた」といっていました。

利用をやめた理由は「あまり効果がなかったから」とのことでした。実際、ポータルサイトの掲載を止めてからも新卒の採用はできているということです。

採用サイトはスマホファーストで

ご存じのとおり、今の学生や若い求職者は、スマホ世代です。初めて持った携帯がスマホという人も多いでしょう。ですから、彼らは、とても検索に慣れています。何かわからないことがあると、すぐに検索するのです。いつでも、どこでも、スマホで検索するクセがついています。就職活動でも同様です。すぐに検索して、いろいろな企業を比較検討します。

このような学生や求職者の行動パターンを知り、常に他の企業と比較されているという意識をお持ちください。

このような状況から、採用サイトは次のことをクリアすることが重要となります。

1.採用サイトのスマホ対応は必須、スマホファーストでも良い

2.他社との違いをサイト内で訴えている

3.人の写真が複数掲載されている

4.動画(YouTube)があればさらに良い

5.先輩社員インタビューは必須

6.マイナビやリクナビの情報不足をカバーする情報量

7.デザイン重視、デザイン軽視どちらもNG

2　大企業と同じ土俵で勝負していませんか？

●立地、知名度、オフィス
●Ｗｅｂサイト
●会社案内パンフレット
●社風

ポータルサイト上で、大手企業と比較されるのは仕方ありません。ただ、そこでは、規模も違う、業種も違う、地域も違う、相手と戦わなければならない。それが、新卒採用活動です。掲載スペースが限られるので、その中で他社と差別化するのは、難しいです。通常の商売であれば、同じ業種で同じ地域で似たような規模で競争することが多いでしょう。こと新卒採用においては、異種格闘技のようにハンデなしでの戦いになります。柔道やボクシングのように体重別ではなく、無差別級で一斉によーいドンとなるのが、新卒採用です。

ゴルフがお好きな方も多いと思うので、ゴルフで例えるなら、プロとアマチュアが一緒にプレーして、ハンデがないコンペのようなものだと言えばおわかりいただけると思います。

▢ 放っておいても人が来る大企業

われわれ中小企業は、知名度や待遇で、大手と比べると、どうしても見劣りしてしまいます。

オフィスの立地だけを考えても相当ハンデがあります。例えば、ＬＩＮＥ社は、ＪＲ新宿駅直結のＪＲミライナタワーにあります。雨でも濡れないどころか、ＪＲ新宿駅のミライナタワー改札口を出たら、もう目の前がビルの入口。改札からビルの入口まで徒歩10秒程度しかかかりません。最寄駅は、ターミナル駅の新宿駅で、しかも駅直結。天井の高い広々としたきれいでおしゃれなオフィスです。カフェテリアもあり、打ち合わせスペースからの景色も素晴らしいです。まさに、テレビドラマに出てきそうなオフィスです。当然、家賃も高額です。

ＬＩＮＥ社は、このビルの23階にあります。もう少し下の階での家賃は月５００万円ぐらいのようです。年間にすると６,０００万円にもなります。中小企業には、簡単に手を出せる金額ではありません。

ここで会社説明会を開催するのですから、印象が良いです。会社見学をしたら、ここに入りたいと思うでしょう。実際私が行っても、素晴らしいオフィス環境だなあ、と感心しましたから。しかも、自分たちがいつも使っているＬＩＮＥ。知名度は抜群です。学生でＬＩＮＥを知らない者はいないでしょう。さらに、ＬＩＮＥは急成長したベンチャー企業です。そういうイメージがありますし、実際、その通りです。カッコいいイメージのＩＴ系です。多くの若者が、憧れる環境に違いありません。

立地・知名度・オフィスなどの、いわゆる企業のスペックで比較すると、中小企業は、ＬＩＮＥのような有名企業とは、とても勝負できません。

なので、華やかなオフィスや立地などを求める学生や求職者に目を向けず、その他に価値を感じてくれる人を対象にしなければなりません。ない物ねだりをしたり、文句をいっても始まりませんので。

企業にとっても採用、特に新卒採用は大きな負荷がかかる業務になります。でも、就職活動中の学生にとっても就職は一大事です。以前と違い、生涯勤める人は少なくなりました。それでも、就職は人生で非常に大きな決断であることに違いありません。

その重要な決断をポータルサイトに掲載されている1ページか2ページ程度の情報だけで判断するのは無理があるでしょう。

大企業の場合、採用サイトは、オシャレでカッコいいサイトが大半です。見た目は良いのですが、内容がイマイチよくわからないところも多いです。そもそも高い知名度で、どんどん応募が来るので、採用サイトを見て興味を持ったからエントリーする人は、あまりいないのかもしれません。

中小企業はサイトを作り込む必要がある

一方、中小企業の場合は、このような大企業の状況とはまったく違うという企業が大半でしょう。

放っておいても、どんどん応募が来る中小企業は、ごく一部だからです。ですから、採用サイトは、しっかり作り込む必要があります。

例に上げた採用サイトをご覧ください。歯科衛生士という非常に採用が難しい職種でありながら、コスト0円で驚きの成果を上げています。事業責任者である部長は、次のようにコメントされました。

「普段でも、月に1~2人は応募があります。ですが、2月以降はそれが3~4人になり、6月

2日に一度応募がある採用サイト

株式会社WEBマーケティング総合研究所
採用情報サイト
社保完備
産休・育休復帰率100%
土日祝休み
歯科衛生士の
新しい活躍の場が
ここにあります
歯科衛生士
8名在籍
職場見学・面接応募はこちら
企業で働く歯科衛生士★月給27～60万円
★【土日祝休み】社保完備
企業内で歯科衛生士の資格や経験を活かして、
歯科医院をサポートするお仕事をしませんか？

株式会社 WEBマーケティング総合研究所
歯科事業部の採用サイト
トップページのヘッダー画像内に、求職者が求める条件の多くが書かれている。興味を持ったら、時間をかけてじっくり見るのが求職者の行動パターン。

に入ってからは2日に1人のペースで応募があるんです」

採用コスト0円で、この成果です。採用サイトの力がおわかりいただけたでしょうか?

大企業のように、オシャレでカッコいいサイトは、良くありません。何も伝わらないからです。中小企業でも知名度がある企業は、それでも良いのですが、中小企業はとにかく学生が知りたい内容を載せる必要があります。

もちろん今どき「いったいいつ作ったの?」という古臭い採用サイトは論外です。

そして、採用サイトを見た学生や求職者

が興味を持ってもらえるようにする必要があります。

仕事内容と、どんなところにやりがいを感じるのか？　先輩社員が壁に当たったときに、どういう風にして乗り越えることができたのか？　などがあると、共感できます。

大げさなメッセージはいりません。ありのままで構いません。製造業であれば、モノ作りが好きでこの会社に入った。どういう製品ができたときにやりがいを感じたか、どんなときに自分の成長を感じたかということで良いのです。

営業でいうと、新入社員のころは、「一人で得意先を訪問することはなかった。1年近くたったころ、初めて得意先を一人で訪問した。めちゃくちゃ緊張したけど、一人立ちできたようですごく嬉し

名鉄バスの採用動画

名鉄バス
運転士
関口 美智子
2:01
インタビュームービー【関口運転士】
名鉄バス採用 公式チャンネル

サムネイル画像（YouTubeの動画を説明する画像）が良い。説明文に何も書かれていないのは、もったいないので、URLなど必ず記載を。

かった」などです。

名古屋の名鉄バスの採用動画は上手くできています。女性ドライバーの方が、前職のとき、女性が運転するバスと出会い「女性でもバスの運転手になれるんだ」と思い、試験を受け入社した、という内容でした。

こう書くと、まったく普通だと思います。でも、この動画を見ると、運転するのが好きな女性なら、この会社に入りたいと思う人もいるだろうなと感じました。

適切な社員のインタビュー記事をメインにするのが王道です。そのあたりのテクニックは後述します。

コラム
COLUMN

本気でやるならインパクト重視の戦略もOK

京都に、「ダイイチデンシ」という会社があります。現在の社長は、二代目社長です。大学卒業後には広告代理店に就職したとのことでした。

その後、社長であるお父さんの後を継ぐために、ダイイチデンシに戻り、いろいろと改革をされたのですが、会社案内を見て驚きました。お堅い製造業の会社なのに、女性ファッション誌の「cancam（キャンキャン）」の表紙のようなビジュアルの会社案内なのです。

女性の顔がアップで、キャッチコピーも雑誌風で、初めて見たときは本当にビックリしました。

アパレル会社の会社案内ならまだしも、ここは製造業です。また当時は完成品を販売することもありませんでした。それなのに「ここまでやるのか！」と強烈なインパクトを受けたのを今でも鮮明に記憶しているほどです。

でも話をよく聞いてみると、社長なりの独自の戦略があったようで、「技術には自信があるのでとにかく目立ちたかった」とのことでした。実際、「面白そうな会社だ」と興味を持ってくれる会社が現れ、新規取引先を開拓できたとのことです。

この会社の場合は、取引先の開拓に使ったのですが、求人案内や採用サイトに、この発想を取り入れてもいいと思います。

本気でやるなら、覚悟は必要ですが、ここまでやってもいいでしょう。

ここまでやるなら伝わる！

ダイイチデンシ株式会社の会社案内。とても製造業には見えない。女性ファッション雑誌の「CanCam」かと見間違うような表紙。

会社案内の表紙だけでなく、中身もすべて同じ雰囲気で統一されている。ここまでやりきるのは、相当な覚悟が必要かと。

最近では、警察の採用に対する情熱が熱いです。ＬＩＮＥ採用アカウントを開設しているだけではありません。採用ポスターも映画のポスターのような感じです。採用に対する本気度がポスターから伝わってきます。

大阪府警、福岡県警、広島県警など、各地の警察で映画風採用ポスターが作成されています。

岡山県警の採用パンフレット

警察の採用に対する力の入れ方がすごい。採用パンフレットの表紙を映画風にして、見た目に非常にインパクトがある。

採用サイトに掲載すべき情報は？

大企業の場合、採用サイトはカッコいいメッセージをアピールしたものが多いです。ただ、ＣＭ的というか、イメージ先行型が多い印象があります。

理由としては、予算に余裕があることもあるでしょう。担当者の好みかもしれませんが。あるいは、採用サイトもつきあいのある広告代理店に依頼しているせいでしょうか。

ただ、パッと見はよくても中身がないのです。つまり、文章が少ないのです。学生が知りたいと思うような情報が見つかりません。あるいは、たどりつけないのです。使い勝手が非常に悪いのです。

重要なポイントとして、中小企業はそのような見ため重視のサイトを作ってはいけません。大企業の真似は厳禁です。大企業は、採用サイトの出来に関係なく、多くの学生がエントリーするからです。

採用サイトに掲載する内容は、シェアや実績など数字で表現できることを書きましょう。

また、転勤がないこと、残業が少ないこと、有給が取りやすいこと、離職率が低いこと、平均勤続年数が長いことなどは、どんどんアピールすべきです。表彰された事実があれば、なんでも出すべきです。マスコミに取り上げられたことがあれば、ぜひ掲載しましょう。

例えば製造業の場合は、技術力の高さや精度、何に使われているかなどを具体的にわかりやすく表現することでモノづくりに興味ある学生に響くでしょう。

技術コンクールに入賞したのなら、そのことを載せる。電話応対コンクールに出たなら、それを載せる。社長が地元のテレビやラジオに出たら載せる。会社が新製品や新サービスなどを出して、地元経済紙や地元新聞に掲載されたら載せる、という具合です。

どんな小さな記事でも賞でも、とにかく載せる。業界の人から見たら、それほどスゴイ賞でなくてもいいのです。

また、製造業の場合、防火訓練を実施する企業も多いと思います。直接、企業活動とは関係ありませんが、防火訓練大会に出たとか、入賞したとか、優勝したとかで良いのです。工務店なら、工事中の写真や完成時の写真を。自動車ディーラーなら、新車発表会でもモーターショーでも、走行会でも良いのです。

大企業が同じことをやろうとすると、多すぎて、わからなくなるでしょう。中小企業だからこそ、小さなニュースでも、採用サイトにアップしてほしいのです。社員旅行でも、忘年会でも、イベントでも構いません。もちろん、そういうときの写真は、楽しい雰囲気のものを選んでください。

3 仕事への熱意を伝えましょう

ポルシェ専門店が成功した理由

以前、ポルシェ専門店のホームページを作ったことがあります。そのオーナーのウリは、何もありませんでした。経験なし、資金なし、顧客なし、看板なし、とないない尽くしでホームページを開設しました。

あるのは、**「ポルシェが好き」**という思いと「ポルシェに乗っていたことがある」という体験だけ。本当にポルシェが好き、という思いしかありませんでした。「それで、ポルシェが売れるのか？」と思いませんか？　果たして、売れたのです。それも、何台も。一度も会ったことがない方から、「お宅で買うと決めてました」と電話やメールで連絡がくるのです。

中には、ポルシェの正規ディーラーが在庫で長い間抱えていても、なかなか売れないクルマがありました。それを、この店で売ることができたのです。

資金も技術も知識も知名度も信用も立地も看板も、すべてディーラーに劣ります。唯一ディーラーに勝っているのは、「ポルシェが好き」という思いだけ。それでも、ディーラーに勝つことができました。

成功の理由は、思いをサイトに書き連ねたことです。

そして、何よりも、「なぜポルシェなのか?」という思いを伝えたのです。「サーキットの狼」を子供のころに読み、主人公のライバルである、早瀬左近が乗るポルシェに憧れ「大人になったら、絶対にポルシェに乗る」という思いをオーナーは、持ち続けていたのです。

ポルシェが好きになったきっかけを伝え、初めてポルシェの中古を買ったときに、状態の良くない車だったこと。購入した中古車店でメンテナンスを何度かしてもらったけど、全然良くならなかったこと。その後、恐る恐る正規ディーラーの門を叩いたら、簡単に直ったこと。その後、状態の良いポルシェを買ったら、前のクルマとは別物というくらいに調子が良く、ポルシェのような高性能車の場合、年式と程度、購入する店選びとメンテナンスをきちんとしてくれる専門店の大切さを痛感したこと。

自分も大好きなポルシェの素晴らしさを他の方にも伝えたいと思い、開業したことなどをホームページに書きました。

長々と書いてある文章を読んでくれる方は、ファンになってくれるのです。一度も会ったことがないのに、「あなたから買いたい」といってくれるのです。これが、文章の力、コンテンツの力なのです。

以上は、ポルシェを売るというお話でしたが、採用も同じです。

あなたの思いをちゃんと言語化できれば、必ず共感してくれる学生は出てきます。就職活動中の学生全員に読んでもらう必要はありません。

1％の学生が読んで興味をもってくれたら十分だと思いますが、いかがでしょうか？ 100人に1人ならできそうな気がしませんか？

好き、という思いの強さをおわかりいただけたでしょうか？

この体験から「好きという思い」には、「凄い力がある」ということを痛感したのです。

ですから、もし、あなたの会社や仕事に対して、あなた自身がそのような思いをお持ちであれば、ぜひ表現してください。

草食系とか、熱くならないとか、いわれている今の学生諸君ですが、好きなアーティストの話になると、すごく熱心になることがあります。

国連のスピーチで有名になった、グレタさんに影響されて、日本でもデモが起こりました。まったく熱がないわけではなくて、普段はほとんど出さないだけなのではないか、と私は考えています。きっと、御社のメッセージに反応してくれる学生がいるはずです。

4 採用会社への丸投げは危険！

「新卒採用についてよくわからない」
「だから、プロに任せよう」

そうお考えになるのは、悪いことではありません。むしろ、どんどんプロの意見を聞くべきでしょう。ただし、**丸投げは厳禁**です。

なぜなら、丸投げを何年やっても御社に採用ノウハウがたまらないからです。採用するのは御社ですから、採用コンサル会社に依頼はしても、主体は御社でなければなりません。

例えば、社屋や工場、倉庫を建設するのに、建築のプロでないからと、丸投げする会社があるでしょうか？　必ず、御社の要望を伝えて、何度も打ち合わせをするはずです。社内でも、会議などで検討するでしょう。

それなのに、なぜか、採用に関することになると、思考を止めて丸投げするのはもったいないと思います。

「費用が違う」といわれるかもしれませんが、ちょっと考えてみてほしいのです。**定年まで会社にいたら、生涯賃金や経費を考えると億単位の投資です。**高価な機械は、生産性を高めてくれるでしょう。かなり高い確率で成果が上がるでしょう。しかし、人間は、スペックではわかりません。教育も必要です。社風との相性もあります。

そういう意味では、むしろ機械よりも、慎重に検討する必要があると思いますが、いかがでしょうか？　採用会社にアドバイスを求めるのは良いのですが、主体はあくまでも御社にあることを忘れないようにしてください。

5　採用ツールはしっかり準備する

採用ツールですが、まずはＬＩＮＥの活用を始めてください。

ＬＩＮＥは採用に非常に大きな効果を発揮します。とはいえ、「ＬＩＮＥを使い始めたら、それだけでうまく行くのか？」というと、そんなことはありません。やはり、ツールはツールです。効果的な活用をしてこそ、本来の力を発揮してくれます。

また、ＬＩＮＥは単独で使っても効果的ですが、他のツールと組み合わせて使うことで、さらに大きな相乗効果を発揮することができます。数あるツールの中で、ＬＩＮＥは、**就職活動中の人と繋がることができれば強力**なのは、間違いありません。このことは、ぜひ覚えておいてください。

なぜなら、ＬＩＮＥは、コミュニケーションツールとして、もっとも使いやすいものだからです。ですから、日本国内で８，４００万人を超える人が利用していますし、あなたもお使いになっているのです。私の妻の母は、70代後半ですが、孫とのコミュニケーションのために、ＬＩＮＥを使い始めました。

ＬＩＮＥは学生や求職者とのコミュニケーションをとるのに最高のツール！

今の段階では、このことに気づいている企業が驚くほど少ないのです。ですから、いち早く取り組む企業が大きな成果を上げることができるのです。この点がしっかり腑に落ちているかどうか、ここが、ＬＩＮＥ採用成功の分かれ道ともいうべき、非常に大切なポイントです。

実際に、いち早くＬＩＮＥ採用を始めている企業は、どこでも皆、感じているのですが、利用を始める前には気づかないことが多いようです。

就活中の学生と御社との距離が一番近くなるツール

それがＬＩＮＥなのです。数あるツールの中で、ＬＩＮＥがダントツに優れた点です。しかし、多くの方は、この点を見逃し、ＳＮＳの一つとしか見ていません。ですから、凡庸な成果しか残せないという訳です。

言い方を変えると、**就職活動中の人と最も仲良くなれるツール**、と理解していただければと思います。メールとＬＩＮＥとは、似て非なるものです。ＬＩＮＥで繋がっている人に、わざわざメールを送りませんよね？

個人でＬＩＮＥを使っているのに、なぜか仕事でＬＩＮＥを使うとなると、抵抗がある人がいます。個人でも、法人でも、使いやすいツールは同じだと思います。

また、メールは、ＬＩＮＥの代わりにはなりません。今どきの学生や20代の方は、メールが苦手な人が多いことをご存じですか？

メールの場合、件名や書き方など、最低限のルールがあります。そのため、ビジネスメールの書き方研修がありますし、新入社員に必ず受けさせるという企業もあるほどです。

一方、ＬＩＮＥにはルールがほとんどありません。メールと大きな違いの一つは、件名がないことです。たかが件名ですが、あなたは、件名をどうしようか、お考えになったことはありませんか？メールに慣れていない人は、この件名でつまづく人も多いです。

次に、ＬＩＮＥだと、挨拶文も不要です。署名もありません。思いつくまま、話し言葉で書き、送るだけです。いわば会話の延長といえるでしょう。メールは会話ではありません。そのため似ているように感じますが、両者にはかなり大きな違いがあるのです。

6 採用したい人材像は明確ですか？

ビジネスは、**誰に何をどのように売るか**を考えることだ、とマーケティングでよくいわれます。

誰を採用するか？

採用戦略において、最も重要なことの一つといえるでしょう。

営業と研究開発では、必要な特性が異なります。また、営業といっても、法人営業なのか、個人営業なのかでも、かなり違います。異動でいろいろな部署を経験することもあるとは思いますが、

例えば、ゼロックスやリコー、キヤノンのような複合機を販売する営業と住宅の営業では、全然違うことがおわかりいただけると思います。

また、法人営業でも、直販と代理店へのルートセールスだと、これまたかなり違います。

実際に、ゼロックスでも、代理店営業と直販とでは、雰囲気も営業マンの考え方も相当な違いが

あります。

同じ営業マンでもまるで違う

具体的にいうと、代理店営業の場合は、営業力よりも、代理店の営業マンや経営者と上手にコミュニケーションをとれるスキルが要求されます。

最低でも2～3年は同じ代理店を担当します。しかも、週1回ぐらいは訪問することになるためトラブルを起こすと、あとあと非常に仕事がやりづらくなるのです。また、トラブルとまではいかなくても、苦手な営業マンが代理店内にいたりすると、訪問すると考えただけで、気が重くなってしまいます。私も新入社員時代に、同様の経験をしたことがあります。

一方、同じ会社でも直販の営業マンは、担当社数がずっと多く。１００社とか２００社という単位です。代理店営業が数社とかせいぜい10社程度なのに対し、まさに桁違いの数を担当します。

そのため、同じ法人営業といえども、1社1社に対する訪問回数やコミュニケーション量は、まったく違うのです。

実際に、弊社の担当営業マンに聞いた話ですが、直販の営業マンは、「もし1社と気まずくなったとしても、他で売れば良いだけ」というらしいのです。良い悪いではなく営業マンの本音でしょう。

ですから、直販で成績の良い営業マンは、良い意味でも悪い意味でも、はっきりモノをいうタイプが多いですし、代理店担当の営業マンは比較的温厚な人が多いです。

募集する職種で在籍する社員の中で、理想的あるいは理想に近い社員を設定し、その人物に近い求職者を採用することが近道です。もちろん、社員が多くなれば、多様性も検討すべきだと思います。しかし、少なくとも、社風を共有できそうかどうか、という点は重視すべきだと考えます。

採用はビジネスである

私は、次のように考えています。

採用はマーケティングであり
採用は営業である

どういうことかといいますと、採用をビジネスと考えると、わかりやすいのではないかと思うのです。採用をマーケティングの視点から考えることが非常に重要だと考えています。

現代の日本は、ご存じの通り、作れば売れる時代ではありません。モノが売れない時代なので、工夫が必要です。同様に、人が採れない時代ですから、やはり工夫が不可欠です。

今や採用にマーケティング的な視点を持たずに成果を得るのは、至難の業です。

採用活動は、いわば会社という商品を学生に売ることです。学生を顧客と考えるなら、顧客、つまり学生をよく知る必要がありますし、商品である会社の良い点を知ることも当然必要になります。

サイバーエージェントの藤田社長は、起業した当初、大きな夢を語りました。「その思いに共感した学生が設立間もないベンチャー企業に入社を決めてくれた」と著者で言われています。トップの思い、トップのビジョンがあれば、わかってくれる学生も必ずいます。

ですので、採用に対するしっかりした準備もなしに、多くの会社が集まる合同説明会などのイベントに行くことは、武器を持たず戦場に行くようなものです。他社と差別化できるような事前準備を十分にしましょう。

「優秀な人材」の定義はあるか？

理想の学生像を明確にすることが大切です。そこで、考えておかなければならないことがあります。

本当に、御社で**有名大学卒の学業優秀な人材が必要ですか？**ということです。「優秀な人材がほしい」とお考えになる企業は、大半だと思います。「ウチは、優秀な人材は要らない」という方には、お目にかかったことがありません。

しかし、実際に、どのような人物を採用したいのか？　採用したい人物像は明確でしょうか？　優秀な人材という定義を社内で十分にすり合わせをされていますか？

優秀な人、というのは人によって優秀の定義が違うと思います。ある人は、よく売る人をイメージしているかもしれませんし、別の人は、部下に慕われる人をイメージするかもしれません。

また、ある人は、会議などで鋭い意見をいう人という印象を持っているかもしれません。

ですから、社長が「こういう人がほしいんだ」ということをはっきり採用責任者や担当者に伝える必要があります。

例えば、こういうケースを考えてみましょう。今まで御社では採用したことがないような有名大学の学生が御社に面接に来たとします。

この場合、学生の資質や学生時代にやってきたことよりも、どうしても大学名に目が行ってしまい、きちんと人物評価がしづらいのではないでしょうか？

実例を上げた方がわかりやすいと思いますので、お話しします。私共の会社ですが、父が社長を務めていたころのことです。コンピュータの出始めで、エンジニアの卵を採用したのです。いち早く、社内でエンジニアを育成しようと考えたことは先見の明があったと思います。ところが、エンジニア志望である彼の仕事は、納品を兼ねた営業でした。しばらく辛抱してくれていたのですが、我慢の限界がきて退職してしまいました。極端な例かもしれませんが、このようなことのないように、ご注意ください。

もちろん、良い大学を出て、現場の仕事もできるという人もいます。大企業であれば、経営企画など、活躍の場があるかもしれませんが、御社には一流大学卒の人材が活躍する場があるでしょうか？

あるいは、とびきり優秀な人材が入社して、上司や先輩が仕事を教えて、一人前に育てることができる環境でしょうか?

活躍する場があり、環境もあるなら、とびきり優秀な人材を採用しても良いと思います。

出身大学がすべてではありません。しかし、現在の社員には1人もいないようなレベルの大学出身者が入社したら、浮いてしまう可能性が高いです。

私が新卒で入社した会社は、東大出は採らないという都市伝説がありました。社員1，500人くらいの会社だったので、大企業ですが、巨大企業ではありません。なので、東大出身者が入社を希望する規模ではなかったと思いますが。

東大卒の先輩が一人だけいました。販売会社だったので、もちろん学歴と営業成績は関係ありません。東大出の先輩が出世したという話も聞かなかったので、もしかしたら退職されたのかもしれません。

ウチの会社でいいますと、小さな会社なので、そんなに多くの社員がいたわけではありません。でも、過去数十人いた、営業の中で一番よく売ったのは、高卒の女性です。

短大卒や大学卒で、活躍する女性もいましたが、ナンバー1は、高卒の女性です。なので、特に、営業とか販売の仕事の場合、良い大学を出たというのは、ほとんど関係ないでしょう。

取引先の販売会社を見ても、時々、国立大学出身でよく売る人もいます。でも、私立大学卒で活躍する営業の方が多いように感じます。

また、私共の取引銀行である某地方銀行の現在の支店長は、女性で高卒です。部下の支店長代理は、男性で、支店長よりも年上で、大卒でした。

私自身は大卒ですが、両親とも高卒です。経営者仲間の後輩で、中卒で頑張っている経営者もいます。彼は、創業者で私は後継者です。そういう意味で後輩ではありますが、彼を尊敬しています。

また、どんどん社業を拡大して、一目も二目もおいている、知人の高卒社長もいます。

高卒、高卒と書いたので、気を悪くされた方がいたら申し訳ありません。学歴は関係ないということがいいたかったので、あえて、このような表現をさせて頂きました。

▢ 適性検査からわかること

弊社でも、中途採用時に、適性検査の結果「非常に優秀だが、ストレス耐性は低い」と出た方がいました。すごく優秀だという結果が出たので、喜んで採用しました。「ストレスへの耐性は、そのうち付くだろう」と思ったのです。

新規事業の担当だったため、プレッシャーが大きかったのか、1年も経たずに退職してしまいました。性格や心のクセは、そんなに簡単に変わるものではない、と痛感しました。

同時に、適性検査からわかることは、相当あるという事実も思い知らされたのです。新卒採用にお取り組みの企業では、適性検査を取り入れていらっしゃると思いますが、まだの方は、利用されることをお勧めします。

面接ではわからない、性格や本性がわかることも多いです。ただし、人の目で見る判断も必要です。適性検査の結果を参考にするのは良いですが、盲目的に信じるのは危険です。

今は、ネットで「適性検査」と検索すれば、いろいろな会社が出てきます。あるいは、求人広告代理店とお付き合いがあれば、必ずどこかの適性検査の取扱があると思いますので、ご確認ください。

□ 職種と学歴との相性を吟味する

もう少し大きな話で言うと、Ｇｏｏｇｌｅも数年前までは、ＭＢＡや一流大学の修士などを条件にしていたそうです。しかし、今では、学歴不問になり、大卒かどうかさえ問わなくなったといわれています。

職種によっては、高学歴のほうが良い場合もあるでしょう。よくお考えいただけたらと思います。

お伝えしたいのは、有名大学出身だからといって、大学名に目がくらむと、御社も学生もお互いに不幸になるということです。

難関大学出身者が試験を受けに来たら、社長としては嬉しいと思います。

「ウチの会社にも、難関大学の学生が来るようになったか」という心情は、同じ経営者として私も、よくわかります。出身大学で採用を決めるのは、十分ご注意ください。

7　採用担当者に必要な要素とは？

□ 面接する人は若い人の方がいい

面接する方は、可能なら、若い方がいいです。学生と年が離れると質問がしづらくなりますから。30代前半だと若手のように思いますが、私が新入社員のころ、同じ課にいた30代半ばの先輩は、「オッサン」だと思っていました。学生の感覚からすると30歳くらいまでがギリギリなのではと感じます。

ウチの会社に、35歳、30歳、25歳の女性社員がいるのですが、彼女らに聞くと、5歳違うと全然違うそうです。「若い子とは違います」と35歳の社員は、30歳や25歳の社員のことをいいます。30歳の社員も25歳の社員について聞くと、「5歳若いので全然違います」といいます。私から見ると同じように感じるのですが、30歳前後で5歳の差はかなり大きいようです。

また、採用担当者に必要な資質として、人が好きなことは非常に重要な点だと考えています。人事や総務の中にも、そういう方がいらっしゃるかもしれませんが、営業で活躍する人は、人が好きな方がほとんどですので、そういう人に面談してもらうのも良いと思います。

ＬＩＮＥ社の場合は、採用担当だけに任せるのではなく、全社採用という方針を打ち出しました。

急成長する中で社員数もどんどん増えています。そういう状況でも、ＬＩＮＥの社風に合った人材を採用したい。今いる社員から紹介してもらうのも有効ではないか。と考え、全社員の知り合いを探し、紹介や縁故での採用を強化することにしたということです。

ＬＩＮＥのような知名度が高い人気企業がここまでやろうとしているのですから、中小企業は社長を中心に、新卒も中途も採用に関して今までの姿勢を改めるなど、真摯に取り組む必要があるのではないでしょうか？

採用したい人物像のイメージを共有する

採用ご担当者が専任でお一人だけならいいのですが、二人以上で採用に当たられる場合は、どういう人物が欲しいのか、よく話し合っておくことをお勧めします。お互いわかっていたつもりでも、口に出してみると、想像以上に食い違っていたという可能性もあるでしょう。

現在いる社員の中で、理想のイメージに近い人を一人選んだら、一致しているかどうか？

固有名詞を上げて「○○さんのような人を採用したいと思いますが、どうですか？」と採用しようとする求職者のイメージが同じかどうか、すり合わせをしてください。

中小企業の場合、人事は総務や他の仕事と兼務の場合が多いと思います。採用も、ずっと担当している方はあまり多くないのではないかと思います。

そのため、一度、採用したい人物像を共有しておいた方が良いと感じます。

ただ、採用担当者が考える理想的な社員を採用サイトに出せば良い、というものではありませんので、そこは切り分けてお考えください。就活生から見た理想の先輩社員像と、中の人から見た理想の社員像は違うことが多いと思いますので。

8 採用を採用担当者に任せきりにしてはいけない！

中小企業が大企業に採用活動で勝つことができる点、それがトップの採用活動への関わりです。大企業のトップが採用に関わることは、ほとんどありません。

だからこそ、中小企業の場合、社長がもっと採用に関わるべきだと思うのです。学生も、わざわざ社長が対応してくれたということで良い印象を持ちます。

もちろん、採用業務を社長が担当するという意味ではありません。採用担当者に声をかけたり、採用業務にもっと関心をもっていただきたいという意味です。

リクルート創業者の江副浩正さんは、採用狂と社員から呼ばれるほど、新卒採用に心血を注いでいたそうです。関心も費用も時間も手間も、採用に使っていたという意味だと解釈しています。

採用狂といわれるほど、新卒採用に力を入れていたからこそ、リクルートは急成長し、リクルートを退社した社員が各方面で活躍し、元リクという言葉まで生まれたのでしょう。

理系の優秀な学生を採用するために、当時1台16億円もするスーパーコンピュータを2台導入したそうです。すでにリクルートは大企業になっていたとはいえ、投資額が半端ないです。

江副さんは、リクルート事件で会社を追われましたが、天才経営者というべき人です。なので、なかなか真似はできません。

でも、少しでも優秀な人材を採用したいとお考えなら、江副さんの採用に対する姿勢に学ぶべきだと思います。

社員に関心を持ち続ける江副さん

江副さんが社長を務めていた時に、リクルートに在籍していた方に直接話を聞いたことがあります。

営業成績で優秀な成果を上げると、江副社長本人から「ありがとう」と、電話がかかってきたそうです。

さらに、支社を江副さんが訪れた際に、「君が○○さんか?」と名前を呼ぶそうです。「すばらしい成果を上げてくれてありがとう」と握手を求めるそうです。社長にここまでされて、感激しない社員がいるでしょうか?

採用に力を入れているだけではなく、入った後も、社員に関心を持ち続けている、退職率の低下に繋がるでしょうし、売上もアップするでしょう。

採用狂であると同時に、江副さんは、人をその気にさせる達人だったということですね。

受け継がれた江副さんの姿勢

江副さんがいなくなった後に、リクルートに在籍していた知人に、リクルート時代の話を聞きました。

彼が入社した時は、社長は江副さんではなく、その後何人も社長が交代していたといいます。

それでも、彼が中途入社して、研修に行った際、初日に、当時の役員から名前を呼ばれたといいます。1,000人以上いる部下の顔と名前を覚えていたと聞き、感心しました。

彼は、地方採用地方勤務だったのですが、それでも良い成果を上げると、「おめでとう」と役員からすぐに電話がかかって来たそうです。

江副さんがいなくなってからも、人に関心を持つという社風は、脈々と流れていることに感動しました。

大企業で、しかも人気企業のリクルートが、ここまで採用に情熱を注いでいるのだから、良い人材が採用できて当たり前だと思います。

せめて「良い人を採用したい」という情熱だけは、負けないようにしないといけないな、と感じたのです。

これらの事例は、**採用が終わりではなく始まりである**、という事実を教えてくれています。人は、自分に関心を持ってくれる人を好きになります。

マザーテレサも**「愛の反対は無関心である」**といっています。ということは、「関心を持つことが愛である」ということになります。人間、無視されるほど、つらいことはありません。

「賢者は歴史に学び、愚者は経験に学ぶ」というドイツの宰相のビスマルクの言葉があります。優秀な経営者や他の企業の成功事例に学ぶことこそ、歴史に学ぶということでしょう。

昔の話ですが、私自身、就職活動中に、社長が面接をしてくれると、「社長が面接してくれるのか」と感激したものです。

社長が採用に関わりやすいのが、中小企業の強みの一つだと思います。採用担当者と社長の距離が近いので。すべての採用プロセスに関わることはできなくても、報告を受けることは可能だと思います。

何より、トップ自身が「採用を重視しているよ」「採用に関心を持っているよ」という姿勢を見せることが非常に大切だと考えます。

CHAPTER 3

第三章

SNSツールは採用にこう使う!

LINE RECRUIT
REVOLUTION!!

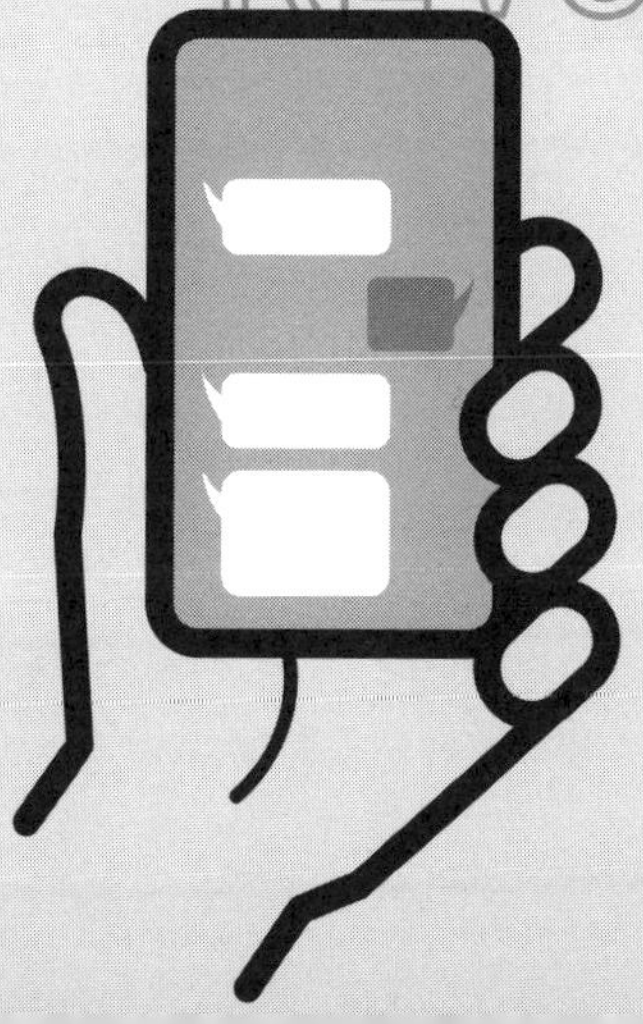

ここまではＬＩＮＥのみに絞って解説してきましたが、Ｔｗｉｔｔｅｒやインスタグラムなど、ほかにも話題に登るＳＮＳが存在しています。それは採用に使えるか？　という観点から各ツールの機能を検証していきましょう。

インスタグラムは新卒採用に使えるのか？

最近、インスタグラムが人気で、販促や採用に活用する企業も増えてきました。成果が出ている企業がある一方、まるで成果が現れない企業も少なくありません。

ＳＮＳといっても、それぞれ雰囲気や作法が違うので、同じように運用していては、成果を上げるのは難しいでしょう。

アパレル会社でも、インスタグラムの運用は、個人に任せているところもあります。人気の店員が提案する服が売れ、しっかり売上に貢献しています。

個人が前面に出て運用する方がうまくいくのがインスタグラム　の特徴です。

インスタグラムでカッコいい画像をアップするのも良いですが、インスタグラマーになる必要はありません。

実際、フォロワーが1万人以上いる方は、相当な努力をしています。そこに投下する時間を考えると、誰にでもお勧めできるものではありません。また、フォロワーは買うこともできます。フォロワーが多ければ採用できるわけではありませんので、フォロワー数にこだわり過ぎないようにしてください。

御社がファッショナブルなアパレル関係やケーキや料理など飲食関係、あるいはスポーツ関係など、インスタ映えといわれるような写真が映える業種なら、インスタを利用するのもよいでしょう。あるいは、若い社員が多いベンチャー企業なら、インスタグラムを採用に活用してもいいと思います。業種や社風によって、インスタグラムを使うかどうか慎重にお考えになった方がいいです。

流行っているから、というだけでインスタグラムを活用するのは危険です。なぜなら、アカウントを開設して投稿すると、投稿をやめてもアカウントはその後も残るからです。アカウントを削除することもできますが、削除し忘れにご注意ください。「あ、この企業、インスタやってたけど、もうやめてる!」と思われるのは、良い印象を与えませんので。

いろいろなツールもあるのですが、集客ならともかく採用にどこまで有効かは微妙なところだと感じています。実際、いろいろな会社がインスタグラム採用の事例を紹介していますが、インスタグラムを使っていることで、採用できたかどうかは、まったくわかりません。

例えば、個人でインスタグラムを利用していて、フォロワーが1，000人以上いて、週に3日以上投稿して、いいね！が100付くこともあるような女性社員がいたら、インスタグラムを採用に使うのもいいでしょう。

インスタグラムは、独特な世界観なので、私も含めミドル以上の男性には、難しい面があります。NGな投稿を繰り返すと、悪い口コミが起こりかねません。

たとえば、普通のおじさんの自撮り写真ばかり投稿することなどです。キレイなもの、カワイイもの、オシャレなものしか興味がない女性が多いのがインスタグラムの特徴です。

男子学生もインスタグラムを利用はしていますが、利用率でいうと、女子学生が男子の2倍くらい高いのです。女子学生を採用したいなら、インスタ採用もお考えになるといいでしょう。

インスタグラムは、ハッシュタグ文化なので、「＃」を使います。「＃新卒採用」と書いてあると、新卒採用をしている企業を探すことができます。インスタ採用をお考えの場合は、利用中の企業をフォローして参考にするといいでしょう。

インスタグラムは運用のセンスを必要とするＳＮＳです。ですから、業種が合わないと思われたり、うまく運用できる担当者がいないという場合は無理して運用する必要はありません。

「＃２１卒」というハッシュタグを使うのは、２０２１年卒業という意味です。「＃２１卒就活」というハッシュタグなら、２０２１年卒業で就活中という意味になりますので、このハッシュタグを使うアカウントを見れば、就活生の日常がわかります。

女子大生の就活の日常を知ることができるので、そういう意味では、参考になるかと思います。就活関連のハッシュタグを使うアカウントをフォローしてアピールするという方法もあります。20代の女性採用担当者なら、そういう方法も良いでしょう。そうでない場合は、やらない方が無難です。

また、広告もありますので、自社アカウントのフォロワーを増やすためには、検討してもいいでしょう。ただし、もともとそのブランドが好きとか、その企業が好き、という部分がないと、時間はかかることを覚悟しておいてください。

イオンなどのモールで、ちょっとオシャレな３００円グッズを販売している、３ＣＯＩＮＳ（スリーコインズ）というブランドがあります。

インスタグラム運用が上手ですし、フォロワーも多いので、参考にするといいでしょう。新卒採用のハッシュタグを付けた画像に、4,473も、いいねが付いています。

ただ、アカウントのフォロワーが117万人もいるので、新卒採用に興味がある人が何人いるのかは不明です。

無料で使え、すぐに使い始めることができるのが、インスタグラム採用の良い点ではありますが、効果が見

スリーコインズのインスタグラム

15:30
◀ Chrome
3coins_official
3COINS
2,168
投稿
117万
フォロワー
123
フォロー中
3COINS（スリーコインズ）
3COINSでは300円を中心としたアイテムを販売しております。
毎週新商品やオススメ…続きを読む
www.3coins.jp/
中央区道修町3-6-1 京阪神御堂筋ビル, Osaka
フォロワー: nekoyanao、daikanyama_con、他10人

フォロワー数117万人と圧倒的な数。ほぼ毎日投稿されている。投稿もいくつかのパターンがあり、飽きないような工夫が伺える。

えづらいので、その点を忘れないでください。

もし、インスタグラムを採用に利用する場合は、若い女性社員でインスタグラムを個人で利用しているか、コミュニケーション力のある女性社員を担当にしてください。女性中心のＳＮＳなので。若くてセンスがあるなら、男性でも構いませんが。

結論　インスタグラムは採用に使える、ただしセンスが必要で業界も選ぶ

Ｆａｃｅｂｏｏｋを新卒採用に使う

次に、新卒採用で利用中の方がいらっしゃるかもしれませんが、Ｆａｃｅｂｏｏｋを使った採用についてお伝えします。数年前、大企業の間でＦａｃｅｂｏｏｋの活用が流行りました。しかし、更新を止めている企業が多いのが現状です。マイナビやリクナビなどの採用ポータルサイトではなく、Ｆａｃｅｂｏｏｋなどを利用して、ダイレクトリクルーティングだ、という風潮がありました。ダイレクトリクルーティングそのものは、今後も加速していくでしょう。しかし、Ｆａｃｅｂｏｏｋを利用した新卒採用については、今一つ盛り上がりに欠けます。

ＮＴＴドコモや電通などが新卒採用ページを作成し運用中です。ただ、ドコモでさえ、1回の投稿につき、10を超える程度の、いいねしか付きません。電通も似たようなもので、20余りのいいねが付く程度です。両者のような、超人気企業でさえこの程度です。

インスタグラム採用は難しいとお伝えしましたが、Ｆａｃｅｂｏｏｋ採用は、さらに寂しい状況です。社員や関係者もいいねを押すはずなので、就活生が何人いいねしているのかは、微妙なところです。

ところで、このようなツールには、フロー型のツールとストック型のツールがあるのをご存じでしょうか？

Ｆａｃｅｂｏｏｋは、フロー型のツールです。フロー型の特徴は、投稿しやすいことです。その代わりに、投稿がどんどん流れていってしまいます。そのため、過去の情報は、あまり見られない傾向があります。

「Facebookは、採用に使う意味がないのでは？」

と思われるかもしれません。実は、それでも、Facebookを使うメリットは、いくつかあります。なんといっても、無料で使えますし、カンタンに始められます。そして、Google検索に強いのです。また、無料にも関わらず、多くの機能があることです。

LINEなど他のSNSではできない、Facebookならではの機能や活用法もありますので、その点についてお伝えします。

▢簡単につくれる「Facebookページ」は活用できる

Facebookを新卒採用に活用することを考えたときに、最も一般的なのが、Facebookページです。御社の新卒採用ページ、または中途採用ページをカンタンに作ることができます。採用サイトを補う意味で活用されるとよいと思います。採用サイトがない場合、作成するまでの代替としての利用もよいでしょう。

さきほどの、ドコモも電通も、Facebookページを開設しています。実際に、Facebookページを作るには、個人アカウントが必要です。個人アカウント開設後、企業のFacebook

ページを作成することになります。

　カバー写真という横長の画像と、プロフィール写真という丸い小さな画像が必要です。カバー写真は、幅８５１ピクセル x 高さ３１５ピクセルで（１００キロバイト未満のＪＰＧファイルが推奨されています）、プロフィール写真は、１７０×１７０ピクセルになります。

　厳密に守らなくてもいいのですが、画像が大きいと読み込み時間がかかるので、ご注意ください。縦横比率は、Ｆａｃｅｂｏｏｋが調整してくれます。後で変更できますので、作成してからご確認ください。

　Ｆａｃｅｂｏｏｋページを作る前に、

企業の新卒採用Facebookページ

NTTドコモ　新卒採用
2020年以降、3月1日に一度投稿されただけで、投稿頻度は少ない。

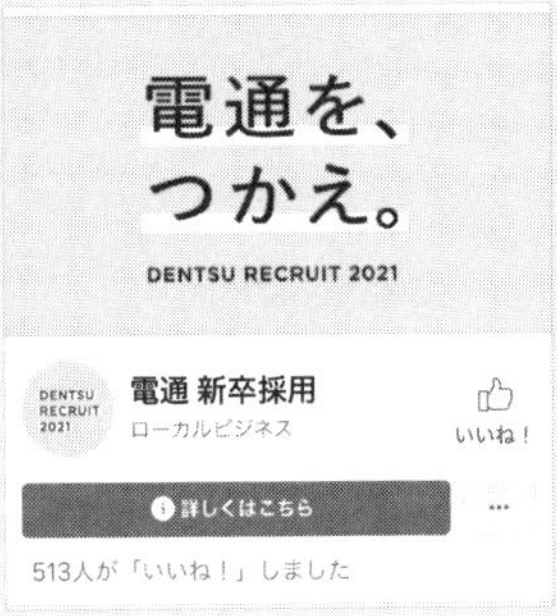

電通　新卒採用
2020年以降、4回投稿されているが、NTTドコモと同じく投稿は少なめ。いいね！数は、多くて30ほど。

Ｆａｃｅｂｏｏｋ内で「新卒採用」とか「採用」と入れて検索すると、いくつか企業のＦａｃｅｂｏｏｋページが出てきますので、参考にしていただくと良いと思います。人が映っている写真をメインにすることがお勧めです。

必ずやっていただきたいことは、Ｆａｃｅｂｏｏｋページ名に、「社名と新卒採用」または「社名＋採用」と入れることです。このように記載することで、社名で検索した場合でも、採用で検索した場合でも、御社のＦａｃｅｂｏｏｋページが出てきます。ドコモや電通も同じように設定しています。

また、Ｆａｃｅｂｏｏｋページの別のメリットとして、ＧｏｏｇｌｅやＹａｈｏｏ！で検索した際も検索結果に出るという点があります。しかも上位に表示されます。Ｆａｃｅｂｏｏｋのドメイン（ネット上の名前、ＵＲＬ）がＧｏｏｇｌｅに高く評価されているので、Ｆａｃｅｂｏｏｋ内にページがあると、実力以上に評価されます。

実際に、ある企業の新卒採用ページを検索してみたところ、なんと、マイナビの採用ページよりも上位に表示されていました。

Ｆａｃｅｂｏｏｋページへの投稿は、パソコンからでもスマホからでも簡単にできますので、時と場所を選ばず投稿できます。たとえば、合同説明会に参加したときや社内説明会の際の画像など、その場で手軽にアップすることができます。

その際、写真と文章をセットで投稿してください。文章だけだと目立ちません。必ず写真も一緒に投稿するようにしてください。

写真は、イベントの様子や仕事中の様子など、やはり人が映っているものがお勧めです。その他、スマホからだと、動画も簡単に投稿できます。写真よりも、再生数が増えることが多いので、お勧めです。

また、個人アカウントに比べて、Ｆａｃｅｂｏｏｋページは、意図的に表示が減らされてしまいます。Ｆａｃｅｂｏｏｋページは、商用利用なので、無料で作成できるけれど「多くの人に見てほしいなら広告してください」というのがＦａｃｅｂｏｏｋ社の考えです。広告を使うなら、Ｆａｃｅｂｏｏｋページが必須となります。

Ｆａｃｅｂｏｏｋは登録の際、出身大学や高校など細かく個人情報を入力します。そのため、登録者の属性に合った広告が出せるのが、Ｆａｃｅｂｏｏｋ広告の大きなメリットです。地域を絞り、年代を絞って広告が出せるのです。Ｇｏｏｇｌｅ広告は、地域は細かく指定できますが、年代を指定することはできません。

Ｆａｃｅｂｏｏｋの良い点は、高機能でいろいろなことができることです。それもすべて無料で利用できるので、その点は、とても便利なツールです。ただ、成果を上げるには工夫が必要です。

Facebookイベントを使う

この機能では例えば、イベント機能を使って、説明会などのイベントの管理をすることができます。誰が参加して、誰が不参加なのか、などをカンタンに管理することができます。また、現在何人の申込があるかなどの情報が漏れないように、非公開にすることもできます。

注意点は、学生のFacebook利用率が低く、あまり注目度が高くないことでしょう。そのため「現状、Facebookでイベントを作成する意味があるか？」という点をよく考えておかないと「Facebookでイベントを作ってはみたものの、参加者も少なく、大して意味はなかった」ということになりかねません。

Facebookグループを活用する

Facebookの機能の中で、新卒採用業務に使えると思える機能に、Facebookグループがあります。内定者のフォローなどにお勧めの機能です。内定者限定のグループを作って交流を深めることができます。

ただし、Facebookグループの場合、LINEグループのようにメッセージが配信される訳ではありません。Ｆａｃｅｂｏｏｋを開くと、通知は届きますが内容まではわかりません。そのため、内定者が積極的にグループを見に行く必要があります。ですから、全員が見ているかどうか、チェックする必要があります。

Ｆａｃｅｂｏｏｋは、グループも検索できるので、「内定者」と検索してみたところ、内定者のグループがいくつかありました。グループに誰が登録しているのかは見えないように設定できるので、個人が特定されないようにできます。

大企業でも過去には、内定者グループを作っていたことがわかります。２０２０年卒で開設している企業は、中小企業が中心です。ＬＩＮＥグループは、スマホで使うイメージが強いのに比べ、Ｆａｃｅｂｏｏｋの場合、パソコンでの使い勝手が良いことが開設理由ではないかと予想しています。

デメリットとしては、先ほどお伝えした通り、更新をしないと、どんどん読まれなくなりますので、内定者フォローに、ＦａｃｅｂｏｏｋグループをＦ使うのか、ＬＩＮＥグループを使うのか、他のモノを使うのか、ご検討ください。グループという名称は同じですが、機能や使い勝手は、かなり異なります。

いずれにしても、担当をおかずに運用すると、兼務する業務の関係で更新が滞ったりすることがあります。複数人で担当するのは構いませんが、主担当を決めておくことをお勧めします。

Facebookの国内利用者は、2019年の時点で、2,600万人と前年の2,800万人から初の減少となり、約200万人国内ユーザーが減ったというデータが発表されたことは頭に入れておいてください。

さらに、20代の利用者が少なく、メインは、40～50代となっています。そのため、Facebookを登録しているだけでなく、普段利用している就活生は少ないと予想されます。

そのほか、検索してみると、「**21卒22卒就活生交流グループ**」がありました。この本の原稿を書いている時点で2,121人が参加しています。ただ、毎年年度を更新しているので、本来の対象者が何人いるかはわかりません。

このグループも非公開となっているため、メンバー数しか確認できません。御社に、インターンがいたら、このようなグループに登録して、どんなやり取りがされているのか確認してもいいと思います。

このように、検索機能が充実していることがFacebookのメリットの一つです。

Facebookライブを活用する

Facebookの数ある機能の中で多くの企業で一番使えるのでは？　と思ったのが、Facebookライブです。2020年の新型コロナウイルス感染症の爆発的な流行で、合同説明会など多くのイベントが中止され、企業にとっても、就活生にとっても混乱を招きました。

リアルで集まるイベントの開催が困難になる中、オンラインで説明会を開催する動きが加速しました。有料のオンラインイベント開催ツールもありますが、Facebookのライブ機能を使えば無料ですぐに開催することができるのです。

安定したネット回線さえあれば、スマホでも、タブレットでも、パソコンでも配信可能です。パソコンの場合は、マイクとカメラが必要になります。スマホやタブレットなら、操作も簡単です。

注意点としては、スマホやタブレットを固定できるようにしておくことです。カメラに映る顔の大きさや角度を確認しておきましょう。机の上に置くと、カメラが顔の下に来るので、角度的に見た目がよくありません。できれば三脚などを利用して、目の位置に近い高さにできると良いでしょう。

また、ライブを聞いている人の音声は聞こえません。無観客でやるのと同じようになるので、初めて開催するときは、ちょっと違和感を感じるかもしれません。

相手の顔も見えないので、反応がわかりづらいのです。そのため、主催者が「いいねを押してください」とか。「質問があったらお気軽に送ってください」などと案内して、促す必要があります。

リアルの説明会とオンライン説明会は、かなり違うと思うので、できれば開催までに一度社内で練習されることをお勧めします。聴衆がいなくて、声も聞こえず、反応がまったく見えないというのは、思った以上にやりづらさを感じるものです。アドリブを入れることができるくらい余裕があれば、使いこなせると思います。なんといっても、無料なので、何度か開催すればすぐに慣れるでしょう。

リアルの場合でも、タイムスケジュールや話す内容は、準備されていると思うので、オンライン説明会だからといっても特別なことは、ありません。

誰が見てくれているかわからないので、説明会の途中でフォームを送って、その場ですぐに返信してもらうなどの工夫が必要です。

その場でやらず「後で送ってください」といっても、なかなかやってくれませんから。その場ですぐに行動を呼びかける、これがコツです。

また、Ｆａｃｅｂｏｏｋライブのメリットとして、録画できることがあります。うまくできた説明会であれば、それを保存して、YouTubeにアップすれば何度も使うことができます。

Facebookページから公開でライブ配信することもできますし、Facebookグループに登録している人だけに配信することもできます。セミナーに参加する人もFacebookアカウントが必要ですが、公開範囲をいろいろ設定することができるので、便利です。

結論　Facebookは採用に使えるが、高機能ゆえにどの機能を使うか絞って考えるべき

Twitterを新卒採用に使う

Twitterは、国内利用者が4,500万人と非常に多いSNSです。実は、LINEに次ぐ、国内で2番めに利用者が多いSNSです。利用者も若い世代が多いのが特徴です。

私の姪が高校生のころ、よくTwitterを見ていました。「なんで、Twitterを使っているの?」と聞いてみると「友だちのTwitterの投稿を暇つぶしに見て、ときどき返信している」ということでした。直接連絡するときはＬＩＮＥを利用し、わざわざ連絡するほどでもないときは、Ｔｗｉｔｔｅｒでゆるく繋がるというスタイルのようです。

大まかに分けると、高校生や大学生はＴｗｉｔｔｅｒ、社会人はＦａｃｅｂｏｏｋというイメージです。Ｆａｃｅｂｏｏｋは、日本では年齢層が高めのツールになっています。

そんなわけで、Ｔｗｉｔｔｅｒは、学生など若い人が積極的に利用するＳＮＳであり、就活生も利用しています。

インスタグラムと同じく、ハッシュタグを利用する文化です。ハッシュタグをつけていれば、その言葉で検索することができます。例えば、＃２１卒や＃就活などです。これらのハッシュタグを使っている人は就活生であることが多いでしょう。

インスタ同様に、女性をフォローするのであれば、女性採用担当の方がいいでしょう。個人名（採用担当）という名前で利用すると良いと思います。例えば、次のような感じです。

斎藤（○○社採用担当）

Ｔｗｉｔｔｅｒを採用ツールとして使うメリットは、利用者が多いことです。日本国内の利用者数がＬＩＮＥに次いで２番めに多い上に、20代の若者が多く使うＳＮＳです。採用対象である学生も日常使うツールであること。就活中などのキーワードで、ある程度対象者を絞れることです。

個人名は明かしていませんが、さきほどお伝えした通り、就活中の学生を検索してフォローすることもできるので、**Ｔｗｉｔｔｅｒはこちらから攻めることができる数少ないツールです。**フォローしていれば、こちらの存在を学生に知らせることができますし、書き込みしている範囲で就活生の日常を垣間見ることができます。

裏ワザ的になりますが、新卒採用アカウントでフォロワーが多めの企業をフォローしているアカウントの中で就活生と思われるアカウントをフォローするということも可能です。そこにピンポイントで広告を出すことも可能です。マイナビなどのポータルサイトに比べて広告費も安く、数万円から始めることもできます。まだ少ないのですが、一部の企業は、すでにＴｗｉｔｔｅｒ広告を始めています。採用でなく、販促ですが。

本書を書くにあたって、いろいろな企業の採用アカウントを見たり、採用サイトを検索したわけですが、広告が表示されるのはリクルートくらいで、さすがだなと思いました。リターゲティング広告といいます。ネット広告代理店に相談すれば、すぐわかります。

Ｙａｈｏｏ！やＧｏｏｇｌｅにも広告相談窓口があるので、直接相談してもいいでしょう。

Ｆａｃｅｂｏｏｋと同様に、投稿がどんどん流れていく、フロー型のツールなので、運用が難しい点はありますが、Ｇｏｏｇｌｅなどの検索に強いのもＴｗｉｔｔｅｒの魅力です。

無料で始められ、投稿できる文字数も１４０文字までと少ないので、更新の手間もそんなにかからない点がポイントです。わざわざホームページにアップするほどでもない情報の発信に使うと良いと思います。就活イベントをライブ配信することも可能ですし、余力があれば、Ｔｗｉｔｔｅｒの活用もお考えになってもいいと思います。

意外に思われる方も多いと思いますが、企業が採用に利用しているツールはＦａｃｅｂｏｏｋよりもＴｗｉｔｔｅｒの方がずっと多いのです。ＩＴ関連ビジネスの採用担当者の利用が目立つのは、当然としても、中小企業の採用担当も熱心に投稿されています。「Ｔｗｉｔｔｅｒの採用アカウントは活きているなあ！」と感じます。

Ｔｗｉｔｔｅｒは、災害時やニュースなど、情報の拡散が一番速いツールです。私も、地震があったときやスポーツの情報などは、一番にＴｗｉｔｔｅｒで確認します。

企業の採用Twitterアカウント

Twitterで「22卒」と検索した結果
2022年卒で就職活動中の学生が使うハッシュタグが検索にヒットする。学生の本音を見ることができる。

かじかわ@GameWith採用
ゲーム情報サイト運営会社採用担当者のTwitterアカウント

丹路(にろ)修平
人事コンサルティング会社採用担当者のTwitterアカウント

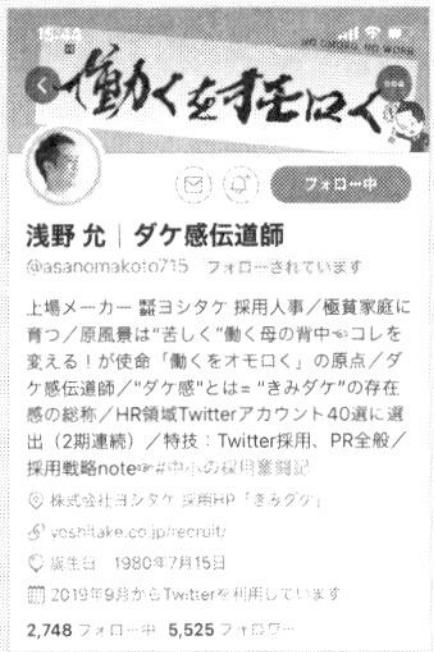

浅野允
名古屋の製造業ヨシタケの採用担当、浅野氏のTwitterアカウント。Twitterで50人のエントリーを集めたというツワモノ。

Ｔｗｉｔｔｅｒは、とにかく動きの早いツールなので、中小企業向きなのかもしれません。

運用時の注意点としては、Ｔｗｉｔｔｅｒは、個人のツールであるということです。「○○会社採用担当」という具合に、個人名がないアカウントの場合、あまり交流がないように感じました。**個人名で運用し、所属や採用担当であることを表記するのが良いでしょう**。会社の方針で、個人名を出さない場合は仕方ありませんが。直接メッセージを送ることができるのも便利です。

Ｔｗｉｔｔｅｒで「採用担当」と検索すれば、他の企業の採用担当者を探してフォローすることもできます。フォローすると、すぐにフォローバックされたりして、このあたりのスピード感がＴｗｉｔｔｅｒ独自の世界だなと感じます。

採用担当者同士の交流も楽しいです。大企業でない限り、採用担当者は結構孤独だと思います。社内に悩みを共有できる人がいない、あるいは少なかったりすることが多いのではないかと思われます。直に会わなくてＴｗｉｔｔｅｒで交流するだけでも、孤独感は減ると思います。私も、まだ会ったことはないのですが、浅野充さん（画像参照）という、すごく熱い採用担当の方がいて、彼のツイートを見てすごく刺激を受けました。

言うまでもないことかもしれませんが、念のためお伝えしますと、ＦａｃｅｂｏｏｋやＴｗｉｔｔｅｒ、インスタグラムなどそれぞれを使うと、メッセージが各ツールに別々に届き、処理が大変になってしまいます。複数のＳＮＳを運用しようとお考えの場合は、その点ご注意ください。

結論　Ｔｗｉｔｔｅｒ採用は中小企業に有効。ただし、採用担当者の熱意が必須

CHAPTER

4

第四章

LINEを上手く使った企業の成功事例

LINE RECRUIT REVOLUTION!!

ここからは、ＬＩＮＥ公式アカウント（旧ＬＩＮＥ＠）を活用し、採用に成功した企業の事例をご紹介していきたいと思います。

採用人数が2倍になった！
（ベンチャー企業）

本書の冒頭でご紹介した中小企業です。ここはベンチャー企業ですが、実績は強烈です。採用人数が2倍になっただけでなく、内定辞退が3分の1に減少し、採用媒体コストも削減、退職率も減少とすばらしい成果を上げています。

ＬＩＮＥを徹底活用しているからこその成果といえるでしょう。この会社も以前までは、学生になかなか連絡が取れないということに悩んでいました。

メールは見ないし、電話にも出ない。学生に電話で連絡するためだけに、外注に頼んでいたというほど連絡業務が負担になっていたそうです。

ＬＩＮＥを採用に使い始めたことで、外注に委託していた連絡業務の費用は不要になりました。

また、学生からの返事がなかなかこなくて、スケジュールが確定できなかったのが、LINEなら返事がすぐ届くので、**スケジュールがスムーズに確定するようになった**のです。

確実に連絡が取れるようになり、コミュニケーションが良好になったことで、採用人数2倍を達成されました。驚くのは、採用数が倍増したのにも関わらず、内定辞退率も下がったという点です。3分の1になったそうで、大きく減少しました。

メールと比べ、LINEの場合、コミュニケーション量が増えるので、学生が安心するのだと思います。

説明会予約からの参加率が9割に上昇！
（車のリース会社）

大阪で車のリースなどを行う会社の事例です。LINEを新卒採用に使うというのは考えていなかったのですが、年々エントリー数も下がってきていたので、何か新しい手法はないかと探し続けていました。

学生は、こちらの電話になかなか出てくれないので、非常に手間がかかるというのが課題でした。「何かを変えなければいけない」と思っていました。しかし、「LINEを使えば絶対に成功するという確証もなかった」ので、「まずは半年使ってみて様子をみよう」と考えたそうです。

実際に導入して変わったことは、学生とのコミュニケーションが速くなったということでした。また、こちらからの電話連絡も少なくなり、連絡業務が非常に楽になりました。基本的には、すべてLINEで連絡する。選考の日程案内、結果の通知、内定者フォローまで。内定通知に関しては、LINEで送った後、しっかりと電話でもフォローを行っています。

LINEを導入して変わったことは、学生の反応がわかりやすくなったことです。具体的には、学生からの返信があるときがあれば、ブロックされることもあるので、こちらが**追いかけるべき学生を判断しやすくなった**のです。

予約からの参加率が9割近くになった。さらに、説明会をキャンセルする場合も、ちゃんと連絡が入るので、日程調整ができるようになった。結果として、説明会の無断キャンセルがなくなるという結果に。

そのため、説明会当日に「本当に学生は来るのかな」という心配がなくなりました。また、学生との接触数が圧倒的に増えました。

内定者フォローもＬＩＮＥで行うようになって、より密にコミュニケーションできるようになりました。

また、これまで個別に行っていた学生とのやり取りが、ＬＩＮＥの管理画面で、共有できるようになったので、対応のスピードが上がり、情報の連携も強化されました。

ＬＩＮＥは、学生一人一人と個別のコミュニケーションが取れるのが大きな特徴であり、「コミュニケーションを深めること」に適したツールなのです。

無断キャンセル0を実現！（旅館業）

次に、旅館を経営する企業の事例をご紹介します。

以前は、電話とメールで学生とやりとりをされていました。しかし、なかなかスムーズに連絡が取れなかったため、相当工数もかかっていたようです。

そこで、ＬＩＮＥ公式アカウントを導入されました。ただ、ＬＩＮＥだけの利用だと、一斉送信する際に対象を細かく絞り込みできません。そのため、登録してくれた学生全員に同じメッセージを一斉に送ることしかできませんでした。どうしても一方的な情報発信のみになってしまうので「学生それぞれに合った内容を個別に送ることはできないか？」と感じておられました。

ＬＩＮＥとＡＰＩ連携できるツール、ＭＯＣＨＩＣＡ（モチカ）を知り、応募者のデータとＬＩＮＥに登録してくれた方を連携させることができることがわかり、導入を決めたとのことです。

ＭＯＣＨＩＣＡとはなにか？　それを解説しておきましょう。ＬＩＮＥ公式アカウントと連携できる、採用に特化したツールです。

大きな特徴は、面接の日程調整が自動でできることです。面接する学生が多く、日程調整にかなり時間をかけているという場合はこれだけでも導入メリットがあるでしょう。

また五章で詳しく解説していますが、ＬＩＮＥ公式アカウントでは、学生が登録しただけでは誰が登録したかわかりません。学生からの返信があって、初めて企業側から学生に個別メッセージを送ることができるのです。

そこでＭＯＣＨＩＣＡを使えば、学生からの返信がなくても誰が登録したのかがわかります。登録さえしてもらえば、企業から学生に個別メッセージをすぐに送ることができるのです。この過程をスピーディに行えるのが、選考に進んでもらう際に非常に有効になります。

ＭＯＣＨＩＣＡの導入により、学生とのコミュニケーション量が圧倒的に増えたのです。導入するまでは、一斉配信のみだったため、あまり反応がなかったようです。ところが、導入後は、頻繁に学生から返信してもらえるようになったとのことです。絵文字も使って、できるだけ学生との距離を縮めようと試行錯誤をされています。

また、学生に飽きられないようにするために、**リッチメニューに期間限定コンテンツなどを設けて定期的に更新する**ように心がけておられるとのこと。ＬＩＮＥ公式アカウントに登録したときのメリットを考えたり、継続的にＬＩＮＥを見てもらえるように、日々社内でコンテンツを工夫しておられます。

ＭＯＣＨＩＣＡを導入してから、学生とのコミュニケーションがうまくとれるようになり、内定を出した全員がインターン時期から個別にやり取りしていた学生だったそうです。本選考に入るまでに、ＬＩＮＥで個別に学生と接触して関係性を作っていたことが成功の要因だとお考えです。

インターンも複数のコースを用意し、何回でも参加可能にしておられたので、学生が事前に理解度を深めることができていたのではないかとのことです。

フォローもＭＯＣＨＩＣＡで定期的に行っており、インターンから本選考に進んでくれる学生が非常に多かったそうです。

選考時の無断キャンセルが１件もなく、事前にキャンセルの連絡があるので、別日程での打診もでき、ＬＩＮＥなら学生からの返信も非常に早い。そのため無断キャンセルでそのまま選考が終了になる学生が非常に少なかったようです。

ＬＩＮＥ公式アカウントを導入しているがうまく活用できていない、という場合は、ＬＩＮＥ連携ツールを検討してみるのも一つの策になるという事例です。

内定辞退者が減少！（スーパーを経営する企業）

次は、スーパーを経営する企業の事例をご紹介します。

すでに、採用管理システムを導入していたのですが、学生への連絡手段に関して限界を感じて、LINEを採用に活用することに関して情報収集しておられました。

どうしても、学生一人一人と個別に1対1で、きめ細かなフォローをしたいと考えておられたのです。

そんな中で、LINE連携ツールの存在を知り、検討のうえ導入を決断されたのです。

以前からLINEには注目しておられ、採用担当者がマーケティング関連も含めて情報収集しておられました。採用に携わる前は、システム担当としてシステム開発をする部署におられた方なので、その影響もあるようです。

LINEでの情報発信はスタンダードになっているとお考えで、採用でも使えないかと思っておられたようです。

「採用にマーケティングの考えは必須だと思っています。また、マーケティングだけでなく、営業もですね」と言われています。

「自社という商品をいかに打ち出していくか、いかに評価していただくか。限られた採用担当で、いかに最大の効果を生み出せるか日々考えてます」

「人事の人って社会人で大人だし、こんなこと聞いて失礼じゃないのかなぁ」とか「日程が合わない

けど、断りづらいなぁ」とか、学生からすると、本音で聞きたいことはなかなか言い出しづらいものです。そのような状況で、

「メールで情報を配信しても反応が少ないので、本当に響いているのか、わかりづらい」

「できるだけフランクに、言いたいこと、聞きたいことを聞きやすい関係性を作りたい」

とお考えでした。

選考を受けた学生さんとご縁がなくても、「この企業、感じ良かったな」と思っていただきたい、そう採用担当者はお考えだったのです。

実際、ＬＩＮＥ連携ツールを導入して効果があったそうです。

「多くの企業がＬＩＮＥを使っていますし、世の中のスタンダードになっていますので、ＬＩＮＥを採用で使うことに抵抗はなかった」とのことです。

「ＬＩＮＥのＱＲコードで読み取る情報も限られた範囲なので、安全性を伝えて上層部の理解を得ることができた」とのことです。

「ＬＩＮＥ公式アカウントを採用に使って、学生とやりとりしている」ということ自体、学生に驚かれ、先進的な会社というイメージを与えることができたと思われたそうです。

新しいことにチャレンジしてるんだな、というイメージ戦略ですね。

ＬＩＮＥを新卒採用に使うことで、採用ブランディングという点でも効果があったそうですし、ＬＩＮＥで連絡することで選考前に細かくフォローできたことも良かったそうです。

「準備は大丈夫ですか？」「わからないことはありませんか？」などとＬＩＮＥでフォローメッセージを送ることで学生からの質問や感想が届くようになったそうです。

「企業と学生の互いの信頼関係を築きたいとお考えの企業は、ＬＩＮＥを採用に使うと良いのでは」とのことでした。

学生からの質問は

「役員面接の雰囲気ってどんな感じですか？」

「何人で面接されますか？」

「御社とお呼びすればいいですか？」

など企業からすると、意外なことで悩んでいたりするそうです。

ＬＩＮＥで個別にやり取りすることで、メールではなかなか聞きづらい細かな不安を払拭できたと感じていらっしゃいます。さきほどお伝えした通り、学生は些細なことでも悩んでしまうので、一つずつ解消してあげるのが重要だと考えておられるそうです。

そのように気配りされることで、選考後の歩留まりが一層改善され、内定辞退率が10％程度から5・9％まで減ったとのことです。

メールより効率がアップした！（機械設計業）

次に、機械設計会社の事例をご紹介します。

ＬＩＮＥを導入するまでは、学生とメールで連絡をしていたので、誤送信を防ぐためのチェックや受信ボックスで過去のやりとりをチェックしたり、時間がかかっているのを課題と感じておられました。

そのため、ＬＩＮＥに注目していたそうです。ＬＩＮＥであれば、過去のメッセージの確認もスムーズですし、送信先間違いも起きにくいので、業務が非常にスムーズになるのではないかとお考えで、導入後実際その通りだったとのことです。

以前は、「名前の漢字は間違っていないか？」、「メールアドレスは正確か？」、など細かいところまでチェックしていたので、メール作成にはかなり気を使っておられたようです。

ＬＩＮＥ導入後、学生からのレスポンスは、非常に速くなり、メッセージを送ったら、5分以内に返信が来ることもあったとのことです。

学生からの返信が増えた

学生は、メールを書くことに慣れていません。

われわれ社会人が考える以上に、メール作成に気を使っているようです。

「あまり気にせず気軽にメールを送って」と学生に伝えても、なかなか返信をしてくれないものです。

この企業では、メールからＬＩＮＥに変えてからは、学生からの返信が速くなっただけでなく、ちょっとした質問も気軽にくれるようになったと喜んでおられます。また企業からの連絡に対して「ありがとうございます！」のような返信を学生がしてくれることもあるそうで、双方向でのコミュニケーションを感じることができているとのことでした。

返信をもらえると、「ちゃんと見てくれているんだな」と安心感もありますし、やはり嬉しいですよね。

LINE導入後は、「学生と本当に気軽に連絡できるようになり、コミュニケーションが増え、お互いの安心感が増したのではないか」とのことです。

日程調整にかかる時間が短縮できた

その他にLINEを導入して良かったことは、日程調整に要する時間が短縮されたことだそうです。今までは、メールを送ってから日程が確定するまでに時間がかかっており、関係者のスケジュールをしばらく押さえておく必要があったのです。

LINE導入後は、非常に速く日程が確定するようになったので、関係者の負担も軽減されたといわれます。

「学生一人一人の選考が次に進むスピードも速くなった」と感じておられるそうです。

またLINEはブロックされると、ブロックされた学生とは、個別にやり取りすることができません。情報が不要な人に送らないようにできるので、学生に負担をかけないという点でも良かったと感じていらっしゃるとのことです。

電話とメールでのやり取りは限界
（スーパーマーケット展開企業）

次にご紹介するのは、スーパーマーケットを展開する企業の事例です。

もともと新しいものを積極的に取り入れる文化が会社に強くあるので、ＬＩＮＥの導入にはそれほど時間がかからなかったそうです。やはり電話やメールで学生とやりとりをすることに限界を感じておられました。

「学生にメールを送信しても返信がなく、電話をしても反応がない」という状態が続いていてお困りの時期に提案を受けたため、非常にタイミングがよかったとのことです。

□ 説明会から面接までの期間が半分に！

ＬＩＮＥ採用のメリットの1つは、説明会から面接までのリードタイムが、1ヶ月から2週間になったことだそうです。ＬＩＮＥ導入前の選考フローだと、説明会の予約時など、選考ステップごとに電話をして学生と連絡をとっておられました。

そのため、電話でのコミュニケーションにかなり時間がかかっていたのです。説明会から面接までのリードタイムが最長1ヶ月になることもあったようです。

とにかく時間がかかるので、学生の入社意欲も下がり、選考ステップごとの歩留まりが改善しないという悩みをお持ちでした。

ＬＩＮＥにしてからは反応がスピーディーになり、最長でも2週間で日程調整を行えるようになったそうで、こちらの企業にとってはもちろん、学生にもメリットが大きいのではないかと感じておられます。

電話にかかる時間が月20時間削減！

ＬＩＮＥ採用導入のもう1つのメリットは、学生への電話の時間が月20時間ほど削減されたとのことです。説明会予約時より電話でコミュニケーションをとっていたため、折り返しの電話など、学生1名に対して複数回電話していたこともあり、かなりの時間を電話に使っておられたそうです。

LINEだと返信も早かったので、電話にかかる時間を月に20時間ほども削減できたそうです。

返信が早くなるとコミュニケーションの速度も比例して早くなります。

LINEでのやりとりだと少しくだけた文面でやりとりができるため**学生との距離が近くなった**気がするとのことです。

学生とのやり取りが共有でき、採用担当の連携が向上

学生Aくんに対して、担当していたAさんが休暇の際にどのような連絡をとればいいのか、気にするべきポイントは何なのか、などの対応に関して内部で情報共有しておくべきですが、メモ書きだけだと具体的に伝わりにくい場合があります。

LINE導入により、過去の連絡も以前のチャットで見ることができます。今までどのような連絡をとっていたのか、気にすべきポイントは何か、などもあわせて確認でき、密な連携を行えるようになったとのことです。

LINE公式アカウントを採用に活用する事例の成功要因は、ズバリ学生一人一人に寄り添

い個別対応することに尽きます。その際、必ずしもＬＩＮＥ連携ツールを使わなくても、学生から返信してもらうように促せばＯＫです。

それがなかなか難しいということなら、ＭＯＣＨＩＣＡなどのＬＩＮＥ連携ツールをご検討になるのも良いでしょう。学生一人一人にていねい応対することこそ、新卒採用に成功する一番の要因です。

CHAPTER 5

第五章

LINEを採用ツールに使うコツ

LINE RECRUIT REVOLUTION!!

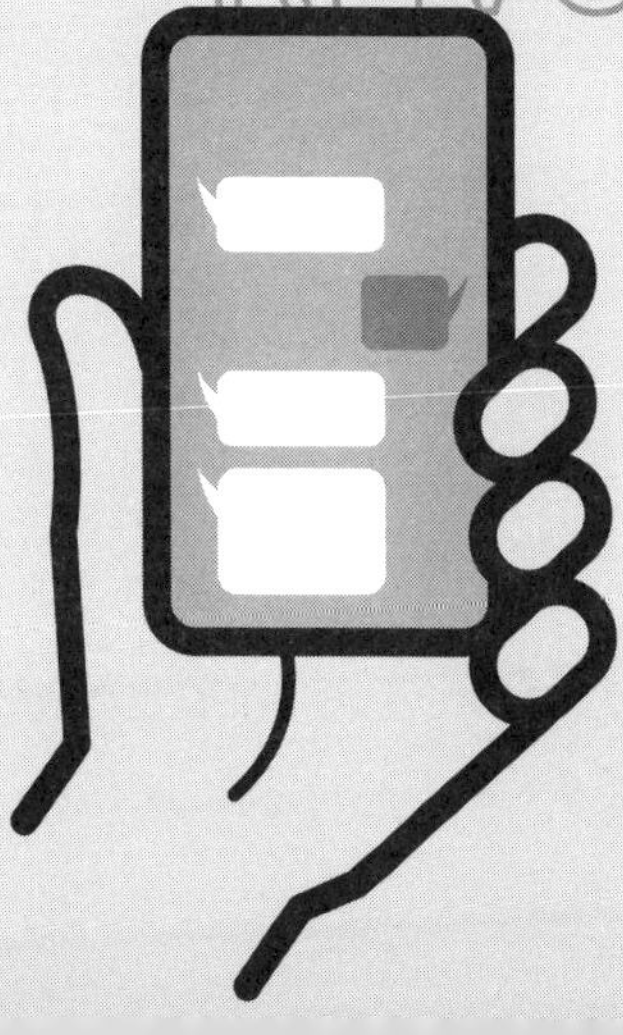

本書で解説しているＬＩＮＥは「公式アカウント」のこと

さて、いよいよＬＩＮＥを採用に具体的に使っていく方法を解説していきましょう。その前にＬＩＮＥは、大きく分けて、2種類あるのをご存じですか?

個人で使うＬＩＮＥ
ＬＩＮＥ公式アカウント

の2つです。

この2つの違いは、はっきりしています。ＬＩＮＥで採用というと、「ウチは以前から普通に会社支給のスマホでＬＩＮＥを使って、学生とやり取りしているよ」という方がいらっしゃるかもしれません。

公式アカウントはアイコンが違う

左がLINE、右がLINE公式アカウント。別のアプリなので、新たにインストールが必要。

ここでお伝えしたいのは、そういった個人が使うＬＩＮＥのことではありません。**公式アカウントという企業用のＬＩＮＥアカウント**のことです。

個人同士のＬＩＮＥで繋がるのではなく、**会社対学生**で繋がるのです。個人のＬＩＮＥとの大きな違いは、複数人で使えるという点でしょう。

もう一つ、オープンチャットというものもありますが、コミュニティのためのものであることと、公式アカウントよりも運用に負荷がかかる点から、ここでの説明は省きます。

すでに公式アカウントを運用できており、採用サイトや採用動画なども設置し、なおかつ余裕があるなら考えてもいいというくらいだからです。
情報としてお伝えするにとどめたいと思います。

ＬＩＮＥ公式アカウントは、トークの共有ができる

個人のＬＩＮＥでいうと、私、斎藤がＬＩＮＥでＡさんという学生とやり取りするとします。その場合、ＬＩＮＥのトークは、斎藤とＡさんしか見ることができません。公式アカウントならば、登録した方は全員見ることができるのです。

誰でも見ることができるわけではありません。採用アカウントの管理画面に入ることができる人だけ、誰がどんな内容で送信したかわかります。学生から受信したトークも登録者全員が見ることができます。送信、受信のどちらも、トークの内容が共有できるのです。

最大１００人まで管理画面に入ることができるので、登録できる人数はまず問題ないでしょう。

メールでも共有システムを導入しているのなら、同じことができますが、そうでなければ個別の

やり取りを把握することができません。このＬＩＮＥのトーク内容を共有できるというのが大きなメリットです。

採用担当者が複数いる場合は、情報が完全に共有できますし、他の人がどのように返事をしているのかがわかるので、社員教育にもなります。

メールだと、ＢＣＣやＣＣを使う必要があり運用が面倒になりますが、公式アカウントなら、これも無料で使えるのです。

トークの使い勝手はＬＩＮＥと同じなので、個別のやりとりを時系列で確認できます。したがって、メールのように、過去のやりとりを検索するにも手間はかかりません。

受信時は、登録している人全員にメッセー

公式アカウントの特徴的な機能

トークの共有	最大100人まで管理画面に入ることができるので、チームでトークの内容を共有できる
	トークの送受信も管理できるのでダブって返信してしまうことなどを防げる
一斉配信	月に1,000通まで無料で配信可能
チャット	ユーザー側から返信してもらうことで(スタンプでも可)個別のやりとりが可能になる

ジが届きます。パソコンでも、スマホでも確認できます。

送信時は、運用者登録している方にだけ、誰が送信したのか送信者が表示されます。ですから、返信したかどうか確認する手間もなく、ダブって返信してしまうこともありません。受け取る学生の方は、御社から返信されたとわかるだけです。

ＬＩＮＥ公式アカウントは商用アカウント

基本的なことですが、個人のＬＩＮＥと公式アカウントの最大の違いは、商用利用が可能なことです。つまり、個人ではなく、会社用の公式ＬＩＮＥ採用アカウントが作成できるのです。

ＬＩＮＥ採用の裏技？

公式アカウントと個人のＬＩＮＥを組み合わせて使うと、さらに効果がアップします。

どういうことかというと、会社の採用アカウントは採用に関わる全員が見るので、学生側としてはどうしても個人的な相談はしづらいものです。

女性の採用担当者がいる場合などは、その担当者の個人用のＬＩＮＥアカウントも開設しておくと、学生は気軽に相談できます。他の人に見られないと学生はわかっているので、聞きづらいことでも、相談しやすいのです。

ただし、エントリーが多いと、相談も増えてくるので、個人ＬＩＮＥを教えるかどうか？　どのタイミングで教えるか？　などは、社内でご検討ください。

大学生のＬＩＮＥ利用率は99％

東京工科大学が毎年新入生に行うＳＮＳ利用調査では、ＬＩＮＥの利用率は、ついに99％に達しました。利用しない手はない、と思います。

しかも、利用している企業は、まだまだ少数です。中小企業に限っていえば、個人的な感覚では、1％あるかないかという程度だと思います。

これだけ利用している学生が多いので、ＬＩＮＥで連絡を取り合った方が絶対に良いということは、おわかりいただけるでしょう。

現在の**ＬＩＮＥの国内利用者数は、８,４００万人**です。Ｔｗｉｔｔｅｒは、４,５００万人、インスタグラムが３,５００万人、Ｆａｃｅｂｏｏｋが２,５００万人とＬＩＮＥは、他のＳＮＳを利用者数で圧倒しています。

しかもＦａｃｅｂｏｏｋは、若い世代の利用が減っており、40代〜50代が主な利用者となっています。ＬＩＮＥはユーザー数がダントツに多いだけでなく、アクティブです。ＴｗｉｔｔｅｒやＦａｃｅｂｏｏｋ、インスタグラムは登録して、投稿せずに見るだけという人も意外にいます。ＬＩＮＥは双方向でやり取りするツールなので、登録しただけという人は少ないです。メッセージを受信するだけでなく、自分から発信もするので、他のＳＮＳと比べ非常にアクティブだという特徴があります。

ですから、ＳＮＳ採用といっても、どのＳＮＳを使うか？　で成果が大きく変わるのです。

学生はメールを読むのか？

大学生は、ほぼスマホを持っています。したがってメールも使っています。無料で利用できるＧｏｏ

gleのGmailを利用している人が多いでしょう。スマホを使う学生は、全員メールを利用している、といっていいでしょう。しかし、メールを使うこととメールを読むかどうかは、また別問題です。

社会人であれば、仕事のメールを読むのは当たり前。たまにしか読まないなら、仕事に支障をきたします。メールの返信が2日も3日も来ないとなると、社会人としてはマズいでしょう。しかし、学生は、友人同士のやり取りにメールは使いません。重要な用件は、メールでやり取りしないのです。

われわれ社会人の常識からすると、メールを読むのが当たり前です。だから、送れば読んでくれるだろうと考えます。残念ながら、それは楽観的過ぎるといわざるを得ません。実際、新卒採用の担当者は学生に連絡がつかないことに頭を痛めています。

数年前のことですが、学生にスマホを見せてもらう機会がありました。彼のスマホのまだ見ていない未読メールは、何通あったと思われますか？

未読メールが5,000通を超えていたのです

例えば、5,324通の未読メールが5,328通になっても気づく学生は、ほとんどいないで

しょう。気にならないから、そこまで放置しているのです。

ですから、メールを利用する習慣……メールの利用の仕方が社会人と学生では、まるで異なることを頭に入れておくことが重要です。

この点を考慮していないと、連絡がつかない、と頭を抱えてばかり、という事態になりかねません。とはいえ、学生も友人と連絡を取り合います。

学生はスマホを持っていても……

メールを見ないとしても、学生はみんなスマホを持っているので、スマホに電話すれば出るだろう、とお考えかもしれません。しかし、大きな間違いです。学生は電話に出ません、出たくないのです。

電話が嫌いだという学生もいますし、電話が恐いという学生もいるのです。

今の学生が子供のころ、すでに携帯電話がありました。初めて自分の電話を持ったのがスマホだったという学生もいるでしょう。スマホはもちろん、携帯も相手の番号が出ます。

したがって、彼らが使う電話は、物心ついたときから相手の番号が出るのです。ですから基本的に、誰からかかってきたかわかる電話しか、ほとんど出たことがありません。

そのため知らない番号からかかってきたら、原則出ません。無視されます。相手がわからない電話に出るのが怖いのです。

そもそも彼ら学生が日常で電話するシーンも激減しています。ＬＩＮＥを送れば済むので、わざわざ電話するのは、よほど急ぐときなど限られた場面のみなのです。

電話を受けるのも苦手ですが、電話をかけるのは、さらに苦痛でしょう。スマホで直接本人同士で話すのが当たり前なので、固定電話にかけて、誰かに取り次いでもらうという経験がほとんどありません。ですから、どう話せば良いのか、わからないのです。

スマホを持っていることと電話で連絡がつくということは、別の話だと思っておかねばなりません。

メールもダメ、電話もダメならどうやって学生に連絡すればいいのか？　そこで、ＬＩＮＥの出番です。

ＬＩＮＥ３つの活用法

ＬＩＮＥを採用ツールとして利用するのに、大きく分けて下記のとおり３つの使い方があります。

- **一斉配信**
- **タイムライン**
- **チャット（１対１の個別対応）**

一斉配信とは？

まずは、一斉配信からお伝えします。ＬＩＮＥ公式アカウントの代表的な機能です。

仮に、新卒希望者が1，000人登録してくれたら、一度の配信で1，000人に一斉に送信できる機能です。メールマガジンのようなものだとお考えください。

個人のLINEの場合は、コピーして1，000回送らないといけないので、現実的ではありません。

一斉配信できるかどうかが、個人のLINEと公式アカウントの大きな違いです。

LINEグループと似ていると思う方がおられるかもしれません。しかし、LINEグループは誰かが送ると、グループに入っている人全員に届いてしまいます。

例えば、御社がLINEグループを利用していた場合、登録者が100人いたら、誰かが何か送ると、残りの99人に届いてしまいます。他の人に見られてしまうので、個人的な質問は、しづらいのです（公式アカウントならば、質問しても他の人には見えません。それを伝えておくと質問しやすいでしょう）。

また、誰かがメッセージを送る度に通知が来るので、LINEグループは採用アカウントとして利用するには向いていません。

LINEグループの場合、管理者を置くこともできませんし、誰が登録しているかも把握もできません。

他の人を勝手にグループから外すこともできるので、会社で使うには不向きなのです。

公式アカウントの一斉配信の機能を利用すれば、社内説明会の案内や一時面接のお知らせなど、重要な告知も一度の操作で終わるので、連絡に関する採用業務の効率は、大きく上がります。実際に、ＬＩＮＥ採用を始めた方は、「時間短縮になった」といわれています。


一斉配信は、送り過ぎないように注意してください。その理由は、登録している人全員に同じメッセージを送るので、どうしてもブロックされる可能性が高まるからです。一度ブロックされるとブロックを解除してもらわない限り、いくらメッセージを送っても届きません。

目安としては、一斉配信の送信回数は、多くても週に一度以内にしてください。何度も何度も説明会の案内などをすると、そんなに人気がないのか？　と不安を与えかねません。

一斉送信は月に１，０００通まで無料配信可

１ヶ月に１，０００通までなら無料で配信できます。ブロックされた登録者を引いた、有効登録者数が仮に２５０人までなら、月４回まで一斉送信できるということです。翌月になれば、リセッ

企業の一斉配信の内容

採用チームでは、リモートで仕事をしながらコミュニケーションも工夫して過ごしています。
皆さんはチームメンバーとのコミュニケーションはどうしていますか？
タレントネットワークに参加すると求人や会社に関する最新情報を受け取れます。
https://jobs.dell.com/talent-network
または採用担当までお問い合わせください。
infocareers@dell.com
Join Dell's Talent Netw...
Join the Dell Talent Network
19:55

コンピュータ大手のデルのアカウントです。一斉配信の内容のセンスが良いので、参考になると思います。

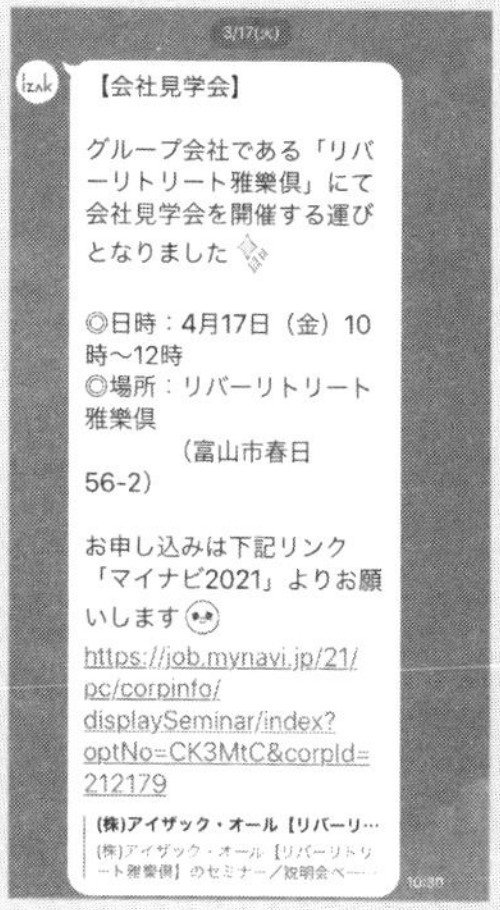

3/17(火)
【会社見学会】
グループ会社である「リバーリトリート雅樂倶」にて会社見学会を開催する運びとなりました
◎日時：4月17日（金）10時～12時
◎場所：リバーリトリート雅樂倶
（富山市春日56-2）
お申し込みは下記リンク「マイナビ2021」よりお願いします
https://job.mynavi.jp/21/pc/corpinfo/displaySeminar/index?optNo=CK3MtC&corpId=212179
(株)アイザック・オール【リバーリ…

会社見学会と一番上に書かれているのがわかりやすくていいです。日時や場所も簡潔に書かれています。

トされます。

ですから、登録した学生が少ない場合、無料で使い続けることができるのです。

企業イメージを別にすると、ホームページも無料で使えるものもありますし、ＹｏｕＴｕｂｅも無料で使えます。０円で採用することも不可能ではありません。

予算がない場合は、お金をかけずに採用ツールを揃えることもできる時代なのです。

送る頻度を決める

運用を始める前に決めておくことがあります。どういう頻度で配信するか？　ということです。

エントリー受付開始前と後では、異なると思います。受付を開始したら、どんな頻度で送るのか決めてください。毎日のように送るのは考えものです。

販促の場合でいうと、週に一度の送信までが、一つの目安になります。

送る内容を決める

次に、一斉配信で送るのは、どんな内容にするのかを決めます。例えば、エントリー開始のお知らせやエントリー締め切りのお知らせ。また、自社説明会のお知らせや合同説明会やイベントに参加する際のお知らせなどです。

ルールを決めておかないと、送ったり送らなかったりすることになってしまいがちです。大企業でも、「お久しぶりです」とメッセージを送ってくる会社もあります。就職活動が解禁になってから、このようなメッセージを送るのは考えものです。

そうならないように、配信内容と頻度を決め、配信スケジュールを2人以上でチェックするようにしてください。

もちろん、決めた内容以外を送っても構いません。その際は、配信頻度を考慮して一斉送信するようにしましょう。

▢ 文体を統一する

いつも同じ人がメッセージを作成するなら良いのですが、何人かでメッセージを作成する場合、人によってメッセージのトーンや文体が異なってしまいます。

そうならないようにするために、数人でメッセージを作成する場合は文体を統一してください。思った以上に、文体には、その人のクセや言い回しが出るものなので。

□ 一度に送るのは2通まで

いろいろな企業の採用アカウントを見ていると、一度に何通もメッセージを送る会社があります。こうなると、悪くいえば「送りつけてくる」という印象です。

スマホは、非常にプライベートなツールです。そこに重要でもないメッセージを何通も送りつけるのは、いかがなものでしょうか？　センスがないという印象を持たれかねません。画像を送るなら、画像と文章で合わせて3通までが目安です。

ただし、毎回3通送ると、しつこく感じられます。開封率が極めて高いツールだけに、このあたりの配慮を忘れないようにしてください。

また、ＹｏｕＴｕｂｅのＵＲＬを配信する場合は、1つの動画だけにしましょう。ＵＲＬ毎に、サムネイル画像が表示される形になっているのでご注意を。ＹｏｕＴｕｂｅ以外のＵＲＬを記載する場合も同様です。ＵＲＬの記載は、一度の配信につき一つだけにしてください。

エントリーフォームなども同様です。エントリーフォームと採用サイトと記載すれば、2つになります。

一つのメッセージで伝えるのは一つのことに絞る

伝えたいことがあれもこれもと欲張りたい気持ちは、わかります。ただ、複数の内容を入れると、メッセージがボヤけてしまいます。ですから、「今回はこのことを伝えたい」と要素を明確にしてからメッセージを作成するようにしてください。

わかりやすくなり、より伝わるメッセージになります。

冒頭の書き出しも、「○○に関するお知らせ」という具合に、明確になります。学生の方も、今回はこのことについての内容だ、と理解しやすくなります。

次ページでは、一斉配信メッセージの例をいくつか紹介しましょう。

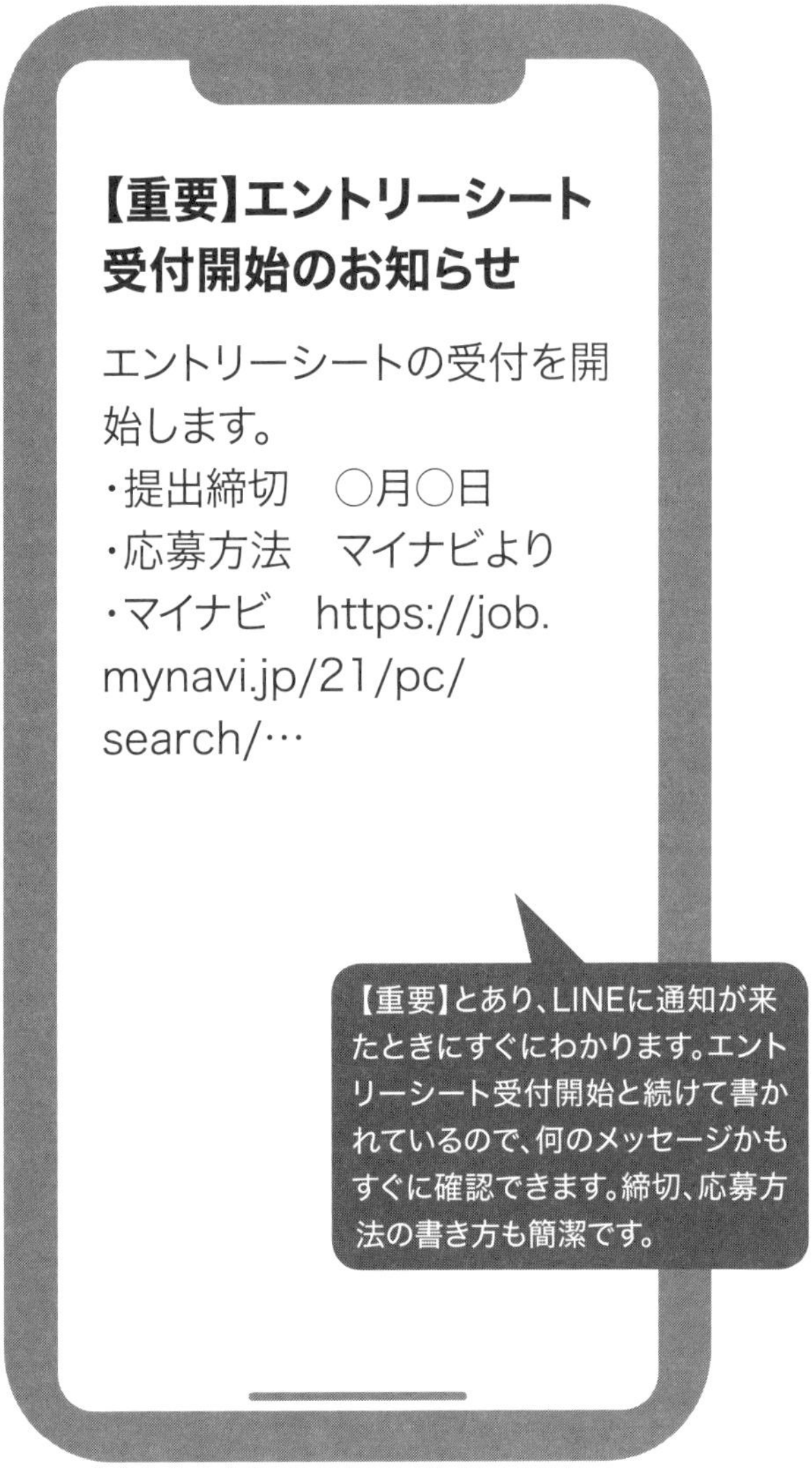
【重要】エントリーシート受付開始のお知らせ
エントリーシートの受付を開始します。
・提出締切　○月○日
・応募方法　マイナビより
・マイナビ　https://job.mynavi.jp/21/pc/search/…
【重要】とあり、LINEに通知が来たときにすぐにわかります。エントリーシート受付開始と続けて書かれているので、何のメッセージかもすぐに確認できます。締切、応募方法の書き方も簡潔です。

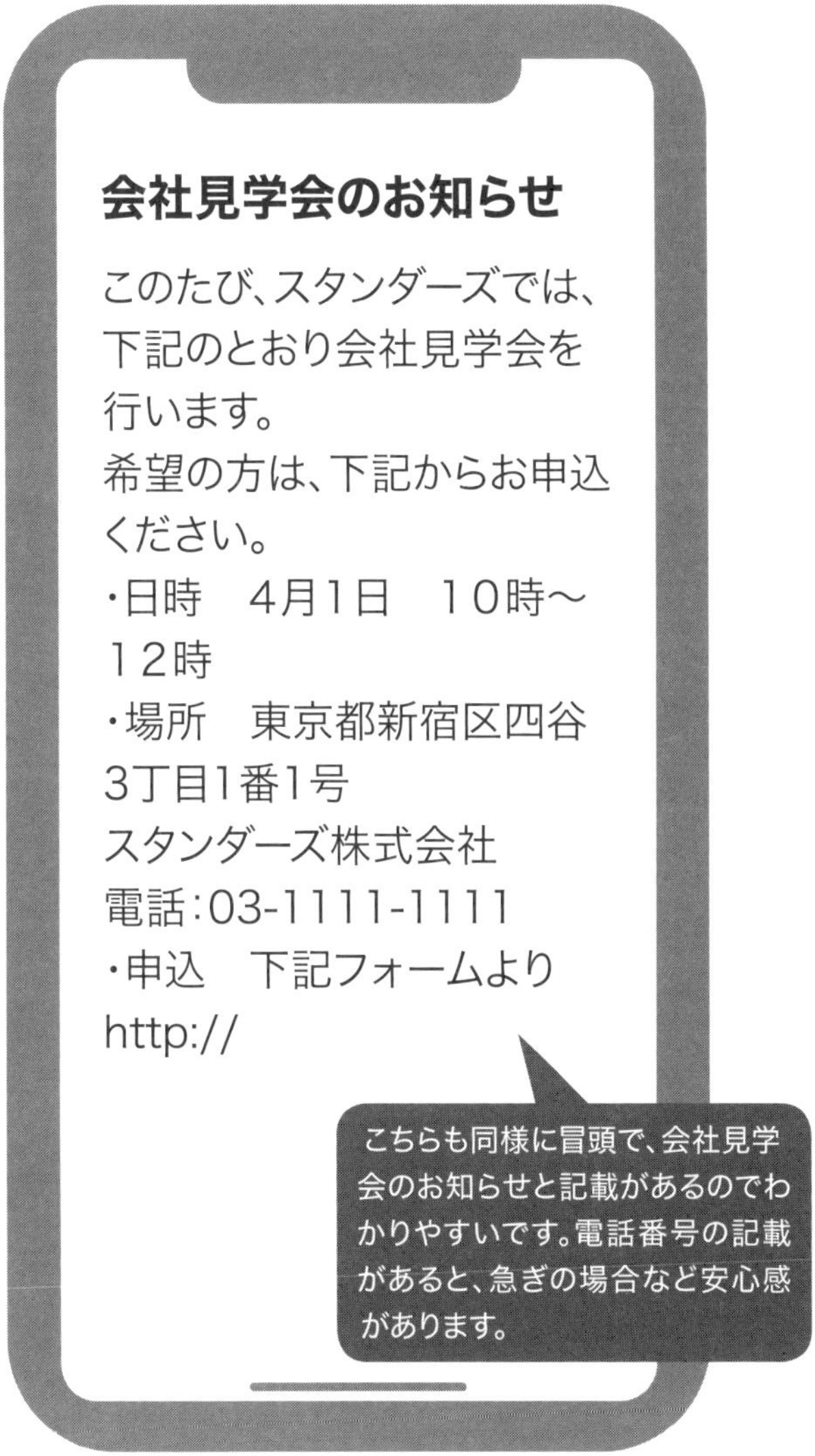
会社見学会のお知らせ
このたび、スタンダーズでは、
下記のとおり会社見学会を
行います。
希望の方は、下記からお申込
ください。
・日時　4月1日　10時～
12時
・場所　東京都新宿区四谷
3丁目1番1号
スタンダーズ株式会社
電話：03-1111-1111
・申込　下記フォームより
http://
こちらも同様に冒頭で、会社見学会のお知らせと記載があるのでわかりやすいです。電話番号の記載があると、急ぎの場合など安心感があります。

会社説明会のお知らせ

スタンダーズ採用担当の斎
藤です。
下記の日程で会社説明会を
行います。
ご参加をお待ちしています。
ご質問は、お気軽に斎藤まで
4月10日
4月11日
4月12日
全日、13:30〜15:30
場所：スタンダーズ株式会社
東京都新宿区四谷3丁目1
番1号
電話：03-1111-1111
担当：斎藤
申込：http://www.

2行目に、社名だけでなく担当者名も入れているのが、良いです。なるべく個人名を入れるといいでしょう。日程を横に並べて書くと見づらいので、1行づつ書くと見やすくなります。曜日を入れるとさらに良いでしょう。

メッセージは、できる限りまとめる

先ほどお伝えした通り一度に何通も送らず、メッセージはできるだけまとめて送信しましょう。

ここでお考えいただきたいのは、何のためにメッセージを送るのか？　ということです。大手マスコミの採用アカウントで、一度に4通送ってきたことがあります。中身を見てみると、せいぜい2通で十分と言える内容でした。

1回の配信で送るのは、1メッセージ+画像一つが基本とお考えください。ツールがＬＩＮＥだからとスタンプを送るのは、まったく意味がありません。むしろ「ＬＩＮＥのリテラシーが低い企業だ」と学生にマイナスイメージを持たれてしまうリスクがあります。

メッセージを作成したらすぐに送るのではなく、一度チェックしてから送るようにしましょう。

何通も送ると、通知オフにしていない場合、その度に通知音が鳴ってしまうことになります。複数送る場合は「何のために分けるのか？」を考えるようにすれば、答えは出ると思います。

伝えたいことを絞る

次に、メッセージの読みやすさをまったく考えていない企業もあります。だらだらと長いメッセージを送っています。結局何がいいたくて、このメッセージを送ってきたのか、よく読まないとわかりません。「採用したい」と口ではいいながら、「就活生が読みやすいかどうかを考えない」というのは、どうなんでしょう？

改行と空白行を入れる

長い上に改行もしないメッセージを送る企業があります。3行メッセージが続いたら、1行空白行を入れましょう。パソコンで入力するから気づかないのでしょうか？　プレビューを見れば、スマホで見た場合の表示のされ方が確認できますので、必ずご確認ください。

とにかく見やすく

メッセージの読み手である学生にとって、「見やすいものにしてください」ということです。だらだらと長く書いたり、変な位置で改行したり、何通にも分けたり、とても親切とはいえないメッセージをよく目にします。

読み手に配慮したメッセージを送るように、心がけてください。送信の際は、奥さんやお嬢さん、女性社員や彼女など、女性にチェックしてもらうことをお勧めします。

URLは一つだけ

URLを2つ以上入れると、その都度、プレビュー画面がメッセージの最後に表示され、見づらくなります。原則としてURLは、1つのメッセージに1つだけ入れるようにしてください。エントリーフォームを入れるなら、エントリーフォームだけを入れる。採用サイトなら、採用サイトのURLだけを入れる。

そのように目的を1つに絞るようにしてください。スマホの小さな画面で、しかもLINEのメッセージは仕様上、幅が狭いです。そういう意味でもURLが多くなると非常に見づらくなります。

短縮URLを使う

URLについてですが、採用サイトの場合は、そんなに長くならないと思います。しかし、マイナビのエントリーフォームのＵＲＬを送ると、ＵＲＬが非常に長く、何行にもわたるので、見た目も悪くなります。

見た目をすっきりさせるために、「短縮ＵＲＬ」というサービスがあるのをご存じでしょうか？以前は、Ｇｏｏｇｌｅも提供していたのですが、なぜかサービスを中止してしまいました。「短縮ＵＲＬ」で検索すると、無料で使えるサービスがいくつも出てきますので、お好きなものをお使いください。

たとえば、これは私の本のＡｍａｚｏｎのＵＲＬです。 https://www.Amazon.co.jp/dp/4863673019/

のように長くなります。これを短縮ＵＲＬを使うと、このようになります。 https://amzn.to/33s9Voe

なんとか1行に収まるくらいの長さになるので、すっきりします。

代表的なもので言うと、Bitly(https://bitly.com)やURX.NU(http://urx2.nu/)があります。

長いＵＲＬはＩＴが得意でない方にとっては、不安に感じる方もおられるかもしれませんので、ご参考まで。

最初の2行が重要

LINEのメッセージで、結局何が言いたいのかわからないメッセージを見たことはありませんか？

LINEは、メッセージの冒頭の2行程度が表示される仕様です。ですから、メールでいうところの件名を、最初の2行だと考えるといいと思います。

単独説明会の案内であれば「会社説明会のお知らせ」と冒頭に書いておけば、すぐにわかります。この点を意識していない企業が多いと感じましたのでご注意ください。

質問や感想を促す

一斉配信するだけでなく、積極的に学生から返信してもらうようにしましょう。具体的には、「気になることがあればお気軽に質問してください」と書いておけば、学生も気軽に質問できます。

何も書いていないと、聞きたいことがあっても、「こんなことを聞いても良いのだろうか？」と悩んでしまうかもしれません。学生から何かメッセージを送ってもらうことで、次回からは、個別でやり取りできるようになります。

この個別のやり取りこそ、ＬＩＮＥ採用の秘訣です。大企業はＬＩＮＥで問合せができない企業も多いのです。だからこそＬＩＮＥで問合せを受け付けるべきですし、積極的に促すべきです。

ＬＩＮＥは、開封率が非常に高く送信に強いツールですが、同時に、メッセージが送りやすいので問合せを受け付けるのにも、非常に適したツールです。

ＬＩＮＥを問合せ用のツールとして活用することで、企業が気づかなかったことを学生が気にしていることがわかります。また双方向でのやり取りをすることで、学生との距離が縮まるという効果も期待できます。

一斉配信でスタンプを送らない

原則として、一斉送信でスタンプは送るべきではありません。「ＬＩＮＥといえばスタンプ」と思っているのか、親しみを感じてもらうためにスタンプを送るのかわかりませんが、スタンプは送るべきではありません。そもそも学生も企業からスタンプを送ってほしいとは思っていません。個別配信で送るならまだしも、一斉配信で送る意味はありません。

「何のためにスタンプを送るのか？」をよくお考えください。スタンプを送る理由を考えると、「スタンプを送る必要はない」と気づくはずです。

□ 個人名を入れる

○○株式会社と書くだけでなく、採用担当の○○です、と個人名を入れることが大切です。

個人名を出すことで、学生は、顔の見えない会社ではなく学生個人と採用担当の○○さんという個人対個人の関係になります。結果的に質問なども、よりしやすくなるのです。

タイムラインとは？

Ｆａｃｅｂｏｏｋのタイムラインと同じように、ＬＩＮＥ公式アカウントにもタイムラインがあります。一斉配信ほどは見てもらえませんが、その代わりに毎日投稿しても構いません。

マーケティングツールには、大きく分けて2種類あります。プッシュ型ツールとプル型ツールです。プル型の代表がメールです。一斉配信は、プッシュ型になります。

プッシュ型ツールのメリットは、こちらの都合で送ることができるという点です。一方、デメリットは、しつこく送ると嫌がられるという点です。強力なツールですが、送り過ぎないように注意が必要です。

プル型ツールのメリットは、毎日でも投稿できるという点です。デメリットは、見てもらえるかどうかはすべて相手の都合なので、見てもらえる確率は低くなります。しかし継続することで、ファンになってもらうことはできます。

ＬＩＮＥ採用をする企業でも、タイムラインを活用している企業は一部です。活用している企業であっても、一斉配信のメッセージをそのまま同時投稿しているだけというパターンが大半です。

□ タイムラインに一斉送信と同じ内容を投稿しない

言い換えると、一斉送信とタイムラインの内容は変えてください、という意味です。なぜなら、一斉配信は文章中心ですが、タイムラインには写真が必須だからです。タイムラインをマーケティングで利用する企業の多くは写真をメインで投稿しています。

その中で文章だけだと埋もれてしまい、目立ちません。なので、必ず写真を投稿するようにしてください。

写真投稿と同時に、何の写真か、説明文も必ずつけてください。説明文がないと、何の写真かわかりません。また、どういう意図でその写真を載せたのかもわかりませんので。

□ タイムラインに投稿する写真は、どんな写真か？

スマホで撮った写真で十分なので、生きた写真が良いです。イベントだったり、説明会だったり、雰囲気が伝わる写真が良いでしょう。

タイムラインを投稿する

太陽企画＜タイキ＞採用
STUDY
～内定者研修～
タイキ NO 一年間
3月
内定者研修

タイムラインには、このように写真と説明文をセットで投稿してください。明るい雰囲気の写真がお勧めです。短めでもいいので、説明文を付けるようにしましょう。

写真撮影をプロに頼む必要はありませんし、モデルを手配することも不要です。。あまりにもキレイな写真は現実味がなくなってしまいますので。もちろんピンぼけには十分気をつけてください。そして明るさも注意が必要です。

明るそう、感じが良さそう、活気がありそう、といった雰囲気が伝わる写真なら、最高です。基本的には、人が写っている写真がお勧めです。毎回、人が写っていなくても構いませんが、モノやサービスの写真ばかりになるのだけは避けてください。

チャットとは？

基本的には、個人のＬＩＮＥでトークのやり取りをするのと同じです。グループを除けば、１対１でトークの送受信をするのが個人用のＬＩＮＥですが、ＬＩＮＥ公式アカウントの場合、トークをチャットと呼びます。

実はこのチャットこそ、中小企業にとって非常に重要なものです。なぜなら、大企業のＬＩＮＥの利用法では応募者数が多いので、チャットはあまり活用しないのです（ＬＩＮＥと連携するＡＰＩシステムを導入している場合は、チャット対応する企業もあります）。大企業があまり力を入れていない機能だからこそ、中小企業はチャットに力を入れるべきです。

採用を成功させるには、極論をいえば、カネをかけるか手間をかけるかです。大企業のように潤沢な予算を投入できない中小企業は、手間をかけるしかありません。

中小企業が採用に成功したいなら、手間をかけ、知恵を絞り、情熱を傾けるしかないと考えます。

成果が出て余裕があれば採用予算をかけてもいいでしょう。最初からカネさえかければいいという考え方は非常に危険です。賢く投資されることをお勧めします。

中小企業のＬＩＮＥ採用で最も重要なのは「チャット」

一斉配信を、公式アカウントのメインの機能として利用する企業が大半です。自社説明会などイベントの告知に一斉配信することは必要ですし、活用すべきです。

しかし、一斉配信には欠点があります。画一的な情報配信しかできないという点です。全員に同じ情報を送ることしかできません。ですから、ＬＩＮＥ採用の一番のポイントである、関係を深めることができないのです。

関係を深めるための一斉配信の送り方は「問いかける」ことです。質問形式にして答えてもらい、そこからチャット（個人のＬＩＮＥと同じように、1対1での個別のやり取り）を始めるのです。

中小企業におけるＬＩＮＥ採用で一番重要なのが、チャットです。何人の学生とチャットすることができたかを一つの目安にしてください。

チャットを行うためには「返信してもらう」必要がある！

ＬＩＮＥ公式アカウントでのチャットは、一般の個人用のＬＩＮＥといくつか違っている点があります。まず初期設定ではチャットがオフになっているので、オンにしてください。

次に、大きく違う点を説明します。個人用のLINEだと、友だちになるとすぐに双方向でやり取りが可能になります。ところがLINE公式アカウントでは、友だち登録してもらっただけではダメなのです。

学生から友だち登録をしてもらったあと、スタンプでも何でもいいので、学生から採用アカウントへ返信してもらう必要があるのです。最初だけ学生からアクションしてもらえば、あとは個人のLINEと同じように双方向でやり取りできます。

ですので、スタンプを返してもらうように促したり、答えやすい質問をして、学生に返信してもらうよう誘導してください。

説明会など対面できる場合は、企業から学生にその場で声掛けできるので、必ず返信を依頼しておきましょう。

友だちに追加しない状態で、いきなり質問や問合せをしてくる学生もいるかもしれません。その場合は、学生が最後にメッセージを送信してから7日間、企業側からメッセージを送信することができますが、そのあとはメッセージを送ることができなくなります。できるだけ友だちに登録してもらいましょう。

▢ チャット対応上級者編・「連携ＡＰＩシステム」を使う

前述のチャットの方法は、学生からの返信が必須なのでハードルが高いです。でも裏技がありま す。ＬＩＮＥ公式アカウントと連携するＡＰＩシステムを使うテクニックです。

これを利用すると、学生から最初に返信してもらわなくも、登録した時点で誰が登録したか わかります。さらに、企業から学生に対し、個別メッセージを送ることができます。

代表的なものは、ＬＩＮＥが提供する「ＬＩＮＥ採用コネクト」です。ただ、２０２０年12月 にサービスを終了すると、先日連絡がありました。

現在、複数の会社が同様のサービスを提供しています。利用代金は、月額5～6万円がメインの 価格帯です。さきほどご紹介した、ＭＯＣＨＩＣＡ以外にも、「ＳＯＮＡＲ」、「ＨＲ ＰＲＩＭＥ」などがあります。

非常に便利なのですが、高機能ゆえに初期設定やサポートを吟味する必要があります。選定 の際は、自己責任で慎重に選んでください。

□ LINE公式アカウントが通話可能に！

この本を編集中の最中、ついにＬＩＮＥ公式アカウントで通話ができるようになりました。７月３日より、「ＬＩＮＥコール」が使えるようになったのです。

個人用のＬＩＮＥで通話できるのは当たり前ですが、公式アカウントではできませんでした。ＬＩＮＥ＠の時代も含めると、何年も対応しなかったのです。なぜか、ここに来ていきなり対応したので、驚きました。

公式アカウントの管理アプリでチャットタブを選び、「チャット設定」↓「電話」↓「音声通話をＯＮ」にすることでユーザーからの電話を受けることが可能になります。

これは、採用にとっても、大きな意味があります。学生がＬＩＮＥから無料で通話できるようになったのです。説明会や採用選考会などで都合が悪い場合、電話してもらったほうが早いです。

企業から電話すると、学生にはなかなか繋がらないものですが、このＬＩＮＥコールは学生から連絡してもらう形のサービスなのでＯＫです。その際、次のようなコール見本を送っておくと良いでしょう。

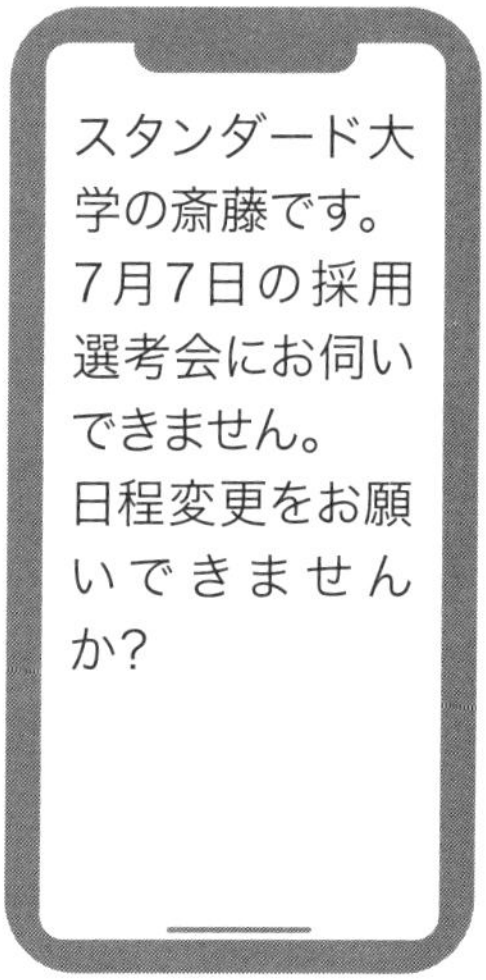
スタンダード大学の斎藤です。
7月7日の採用選考会にお伺いできません。
日程変更をお願いできませんか?

電話が苦手なのは、やり方を知らないからです。やり方を教えてあげればいいのです。

ＬＩＮＥ公式アカウントの通話対応は始まったばかりです。

いち早く対応すると、それだけでも優位になるので、ぜひご利用になることをお勧めします。

ユーザー側からの通話が可能に！

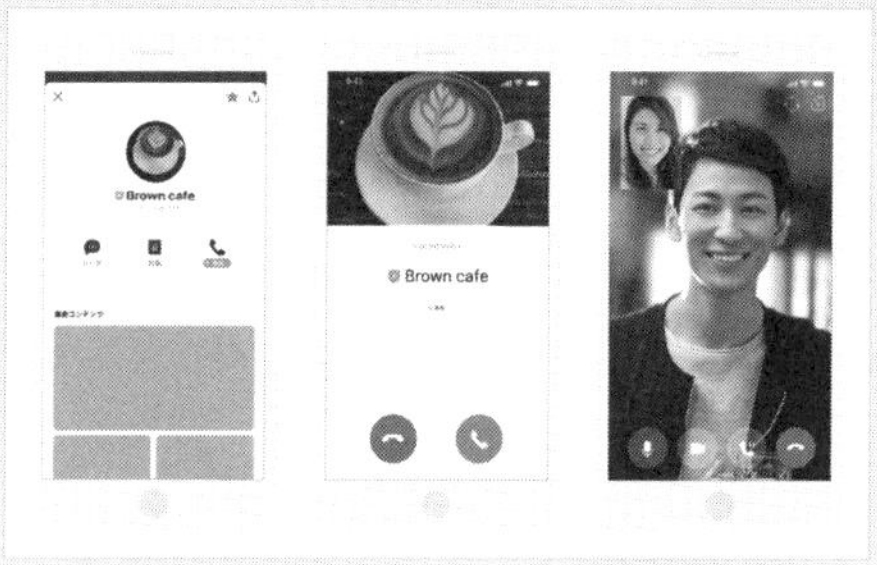
Brown cafe
Brown cafe

公式アカウントの管理アプリで設定が済んでいれば、ユーザーは無料で公式アカウントに電話ができる。ビデオ通話も可能。

CHAPTER 6

第六章

自社のLINEを学生に登録してもらうには？

LINE RECRUIT REVOLUTION!!

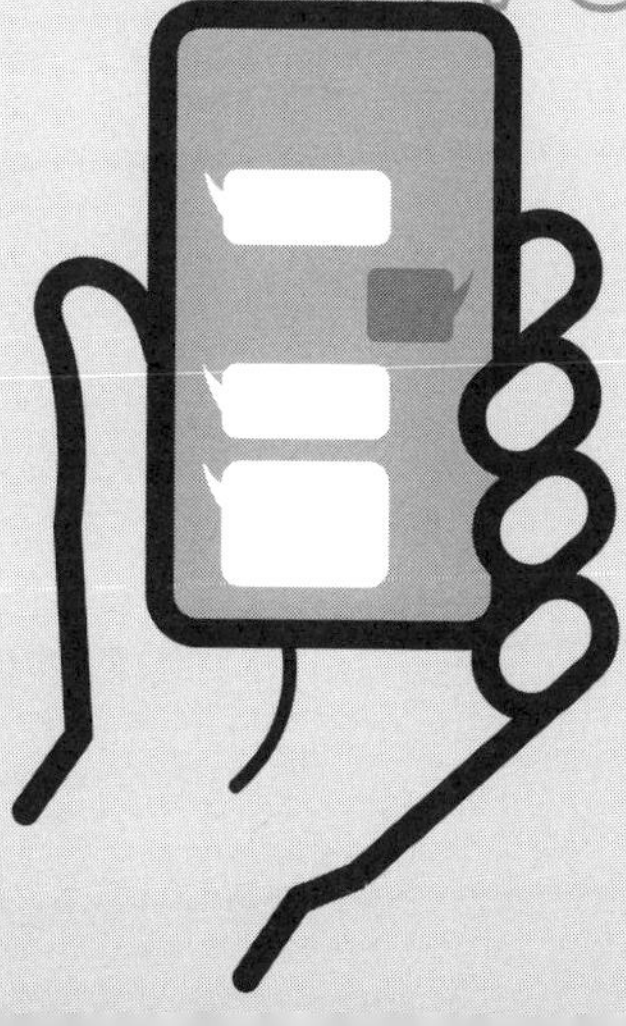

新卒採用でＬＩＮＥを活用している企業は？

もっとも新卒採用にＬＩＮＥを活用している企業はＬＩＮＥです。この原稿を書いている時点での登録者は18万人を超えており、ダントツに多くなっています。

そのほかに、日本生命、イオン、ＪＴ、サイバーエージェント、キリン、ソニー、住友商事など、日本を代表する企業も利用しています。

しかし中小企業はまだ少なく、これからが本番です。大企業の場合、新卒採用アカウントも公開されていることが多く、自由に検索することができます。ＬＩＮＥで「新卒採用」と入力し、検索結果で「公式アカウント」を選べば、一覧で出てきます。出てきた会社を友だち追加すれば、どのようなメッセージを配信しているか参考にできます。

ここがＬＩＮＥ運用の面白いところなのですが、大企業だからといって運用が上手とは限りません。中小企業でも上手な利用法をしている会社もあるのです。いろいろな企業を登録してみてください。

ここで意識していただきたいことは、次の点です。

どんな企業が新卒採用に活用しているか？
登録者は、何人くらいか？
どんなメッセージを送っているか？
どういう頻度で送っているか？
初期設定は、どうしているか？

これらについて確認すると、御社でのＬＩＮＥ運用イメージを持っていただけると思います。中小企業のＬＩＮＥ採用は、量より質だと考えてください。

登録者数よりも中身。一斉配信よりも個別のやり取りを意識をしていただきたいのです。どういう風に運用していけばいいか、よくわからない場合は、できるだけ多くの採用アカウントに登録してみましょう。最低でも10社以上のアカウントに登録することをお勧めします。そうすれば、だんだんと運用のイメージが湧いてくるはずです。

ＬＩＮＥを採用ツールとして使う際の課題とは？

ＬＩＮＥ公式アカウントを採用に使う際の課題、それは学生や求職者にいかに登録してもらうか、ということです。多くの新卒採用アカウントは公開されていますので登録者数を見ることができます。

採用アカウントに友だち登録している人が1，000人を超えるようなアカウントは多くありません。ほとんどは1，000人以下で、100人以下のアカウントもあります。ＬＩＮＥ採用は始まったばかりなので、まだまだチャンスがあるとお考えください。

では、学生にどうやって登録してもらうのか？　採用アカウントに登録してもらう方法について、お伝えします。

大きく分けて、ＬＩＮＥ採用アカウントに学生や求職者に登録してもらうには3つの方法があります。

①対面で登録してもらう

②ネットで登録してもらう

③紙媒体で登録してもらう

ＬＩＮＥ公式アカウントで御社の採用アカウントを作成すると、友だち登録してもらうためのＱＲコードと友だち追加ボタンをダウンロードすることができます。

友だち追加ボタンをコピーして、採用サイトに貼り付けます。また、採用サイトのわかりやすい場所にＱＲコードも貼り付けましょう。

友だち追加ボタンは、スマホでタップするだけで、簡単に登録することができます。

ＱＲコードから登録する方法は、学生など若い人がＬＩＮＥで新たに友だち登録する際にもっとも多く利用する方法なので登録はスムーズでしょう。

「パソコンの画面をスマホで読み取るんですか？　そうなるとスマホだけの場合は、読み取りできませんよね？」

と質問をいただくことがあります。安心してください。

ＱＲコードをスクリーンショットすると、ＱＲコードの画像がスマホの写真フォルダに入ります。ＬＩＮＥの友だち追加で、ＱＲコードを選ぶと写真フォルダから友だち追加することができます。学生なら知っている人も多いと思いますが、スマホだけでＱＲコードの読み取りは可能なのです。

その際に必ずしてほしいのが、「ご質問やお問合せは、ＬＩＮＥでお気軽に」と記載することです。

こう一言書いておくだけで、就活生は安心してＬＩＮＥで問い合わせすることができます。このように、学生心理に細かく配慮した採用サイトは、現時点ではほとんどありません。ですから、これを実行するだけでも他社に差をつけることができるのです。

対面で登録してもらう方法

3つの登録方法のうち最も簡単で確実な方法です。合同説明会などのイベント時に効果を発揮します。ブースに来た学生にスマホでＱＲコードを読み込んで登録してもらいます。社員のスマホでＱＲコードを見せても良いですし、スクリーンなどに写しても良いでしょう。配布する資料にＱＲコードを印刷しても構いません。

ポイントは、なるべく**その場で登録してもらう**ことです。

「ＬＩＮＥに登録してくれた方に、優先的に説明会のお知らせをします」
「ＬＩＮＥに登録してくれた方に、後悔しない会社の選び方をお届けします」
「質問はＬＩＮＥでも受付しますので、今すぐＬＩＮＥに登録してください」

という具合に声をかけます。

地道に声をかけ続けて、登録者が3倍になったという店舗のデータもあります。仮に声かけしないで100人が登録してくれた場合、声かけすると300人が登録してくれるという計算になります。

しかも、コストは0円なので、ぜひイベントの際には声かけしてください。

次に、登録してもらったらその場ですぐに返信してもらいます。

「登録したら、すぐにお気に入りのスタンプを返してください」

という感じです。

なぜ、スタンプを返してもらうかというと、スタンプを返してもらえば、御社から個別でメッセージを送ることができるようになるからです。

対面だと、1分もかからずにできることが、対面でないと難易度が格段に上がってしまいます。

繰り返しますが、個別でやり取りできる状態に持ち込むことが他社と差をつける大きな一歩になるということは頭に叩き込んでおいてください。営業のロールプレイングのように、登録を促し、登録してもらい、スタンプを返してもらうまでの一連の動作をリハーサルしておくことをお勧めします。QRコードがすぐに出せなかったり、読み込みがすぐにできなかったりすることもありえるからです。その際は焦ることなく、淡々と対応できるようにするために練習しておくことをお勧めします。

採用担当者同士で練習をしても良いでしょう。

さらに、次のステップとして、学生の**LINE登録名を本名に書き換える**ところまでできたら、大きなアドバンテージを持つことができます。

なぜこれをやるのか、というと、学生はLINEの登録を本名ではしないからです。

たとえば女子学生の場合でいうと、よくて「姓」がなしで「名前」だけでの登録です。それも漢字じゃなく、ひらがなだったりします。これでもマシな方で、ニックネームで全然誰かわからないこともあります。

また、写真も同様で本人ではない画像も珍しくありません。

これがどうして困るのかというと、質問などが送られてきたときに、どこの誰なのかわからないので、採用担当が非常に返事がしづらくなるからです。

例えば、本名と全く関係のない登録名で「あゆ」と書かれたＬＩＮＥから質問が送られて来たら、いかがですか？　それが仮に「小林さやか」と本名に書き換えてあれば、全然違いますよね？

ＬＩＮＥの名前を書き換えることができるのは、ご存じですか？　チャットの画面から、アイコンの小さな丸い画像を押して、その方のアカウントを表示させます。

次に、アカウントの鉛筆マークを押すと、表示名の変更ができます。

さらに、大学名や卒業年度がわかれば、ノートに記入することができます。

エントリー数が多くなると大変ですが、１００人くらいまでなら、手作業でもなんとか対応できると思います。

この作業をどこまで細かくやれるかどうかで、自社説明会への参加率や一次面接に進む率、内定承諾率、内定辞退率が変わってきます。なぜなら、そんな細かいことをやる企業は、ほとんどないからです。

私が知る限り、ここまで細かい作業をやっているのは1社だけです。その企業とは、本書の冒頭に登場した採用人数を2倍にした会社のことです。

エントリーが数千人単位であるのに、当初は手作業でやっていて腱鞘炎になりかけたほどだとか。クラウド連携システムがあることを知り、移行されたとのことですが。

知名度や待遇で勝てない大企業を相手に良い人材を採用したいなら、どこまでていねいに作業をすることができるか、それしかないと考えています。言い換えるなら、どれだけ手間をかけることができるか、ということです。

それが、このノートに、学生の個人情報を細かく入れるということです。

さすがに「手作業でやる以外に方法はないのか？」と思われる方もいらっしゃるでしょう。対策はあります。ただし費用がかかります。ＬＩＮＥと連動するクラウドシステムを導入すれば、ここまでやらなくても構いません。

費用は、システムにより違いますが、年間で60〜70万円くらいかかります。その中に、サポート費用も含まれることが多いです。

手間はかかりますが手作業でやれば0円です。人力には限界がありますので最初だけ手作業でやるか、ずっと手作業でやるか、最初からクラウドを導入するかは予算やエントリー数などでお考えください。

費用はかかりますが、効率化のために、クラウドを導入する企業も増えてきました。何社かあります、合計すると、数百社は導入しているものと思われます。

ＬＩＮＥ自身も採用クラウドを提供しています。いくつか比較検討してみたらいいでしょう。私のお勧めは、前述したようにＭＯＣＨＩＣＡです。お問合せ頂ければ、営業担当者をご紹介することも可能です。

ネットで登録してもらうには

ネットで御社の採用アカウントに友だち登録してもらうには、ホームページやブログの場合、友だち追加ボタンをつけるのが一番です。友だち追加ボタンのＵＲＬをコピーして貼りつければいいので簡単です。ただ、学生に登録してもらうのを待つだけなので受け身です。

そのため仕掛けが必要になります。仕掛けとは、ＬＩＮＥ登録してもらうための特典です。いい換えると、このＬＩＮＥに登録すると「こんな良いことがありますよ」ということです。

「自社説明会への受付を優先します」でもいいですし、「就職活動のアドバイスをします」「質問を受けつけます」でも構いません。とにかく何か特典をつけて試してみてください。
一番良いのは、何か形のある特典を用意することです。採用案内や会社案内などの冊子を作成するのも良いでしょう。その際はしっかりした物を作ることをお勧めします。ただ、プリントアウトしただけのようなものだと、もらう側にいい印象を残すことができませんので。

マイナビなどに、自社採用サイトなどのURLを掲載できるので、そこにLINEの友だち追加URLを掲載するのもいい方法です。このURLをスマホでタップすると、簡単にLINEの友だち登録ができます。「LINEでご質問できます」と一言書いておくだけで違うはずです。
SNSを利用しているのであれば、QRコードを載せたり、友だち追加URLを載せたり、いろいろな方法があります。SNSで見つけてもらって、LINEに登録してもらい、質問してもらうという流れを作ることを意識してください。インスタグラムでも、Twitter、Facebookでもやることは同じです。

どうしても反応がない場合は、クラウド連携システムの導入を検討してもいいでしょう。月々のレンタルなので、うまく稼働しなかった場合のリスクも少ないです。

友だち追加ボタンをサイトに配置する

18:13
jp.corp-sansan.com
Sansan新卒採用
LINE@
はじめました
こんにちは。人事部のぴんです。
この度、LINEで「新卒採用の公式アカウント」を開設しました！
こちらのアカウントを友だちに追加いただくと、会社Webサイトに都度アクセスして更新確認をすることなく、本選考や採用イベント情報、ブログの更新情報などSansanの新卒採用に関連した情報をLINEでいち早くキャッチできます！
「友だち」への追加は以下をクリック
LINE 友だち追加

スマホサイトに友だち追加ボタンを設置した例

スマホで友だち追加ボタンをタップすると、簡単に登録することができる。

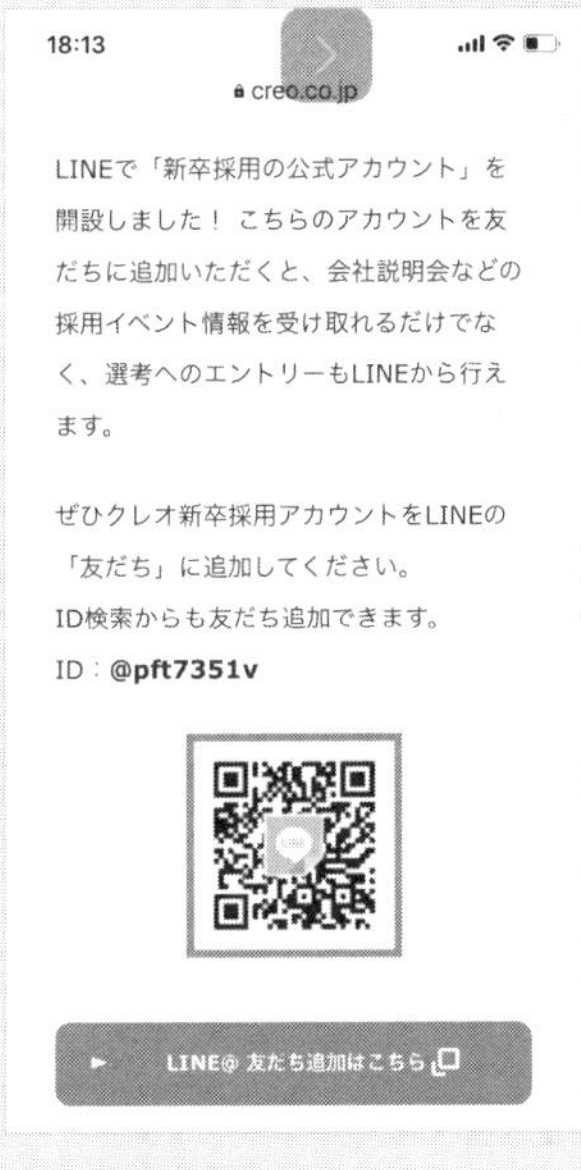
18:13
creo.co.jp
LINEで「新卒採用の公式アカウント」を開設しました！ こちらのアカウントを友だちに追加いただくと、会社説明会などの採用イベント情報を受け取れるだけでなく、選考へのエントリーもLINEから行えます。
ぜひクレオ新卒採用アカウントをLINEの「友だち」に追加してください。
ID検索からも友だち追加できます。
ID：@pft7351v
LINE@ 友だち追加はこちら

QRコードで登録する人も多いので、QRコードも載せておきましょう。

紙媒体で登録してもらうには

紙媒体とは、ポスターや名刺、冊子、ＰＯＰなどのことです。紙媒体の場合はＱＲコードが最適です。スマホでＱＲコードを読み取って、友だち登録してもらうのが一番適した方法になります。

合同説明会などのイベントで紙の資料を渡すのなら、ＱＲコードは必ず印刷しておきましょう。「今すぐＬＩＮＥに登録しよう」などの文言を必ず入れるようにしましょう。

今はまだ、ＬＩＮＥを採用に活用する企業が少ないので、今ならこれだけで「新しいことに積極的に取り組む企業だ」と学生に評価してもらえるでしょう。

CHAPTER 7

第七章

相乗効果を生む採用サイトとは？

LINE RECRUIT REVOLUTION!!

採用専門のサイトが必要な理由

もし、ＬＩＮＥ採用アカウントに登録してくれる学生が十分にいるなら、採用サイトは必須ではありません。しかし現実では、合同説明会やポータルサイトだけで十分な登録者を集めることは難しいでしょう。

少なくとも一般的な中小企業の場合は、そう簡単には登録してもらえないと考えたほうが良いです。では、どのようにして登録してもらうのか？　答えの1つは、合同説明会で登録してもらうということです。

そして、もう一つの答えは、採用サイトから登録してもらうということです。

採用サイトに、ＬＩＮＥ採用アカウントの友だち追加ボタンを掲載し、スマホでボタンをタップして登録してもらいます。「登録してください」と書いておくのは大切ですが、できるだけ多くの学生に登録してもらいたい場合は、ひと工夫が必要です。

例えば、「ＬＩＮＥに登録してくれた方に説明会のお知らせを先行案内します」という具合です。

ポータルサイトを見て興味を持った学生は、ほぼ検索して採用サイトを確認します。そこで、採用サイトがなかったら、どうでしょうか？

御社に興味を持って検索したのに採用サイトがない。これではイメージダウンは避けられません。


そもそも採用サイトは、何のために作るのでしょうか？


ポータルサイトでの情報不足を補うため、というのが一番の目的です。文章中心のポータルサイトと違い、写真も多く使って多面的に見せたいものです。

採用サイトは存在している。でも1ページだけで内容はポータルサイトとあまり変わらない。これでは、わざわざ採用サイトを用意する意味がありません。また、今の学生は、パソコンよりもスマホで検索することを好みます。ですから採用サイトのスマホ対応は必須になります。

スマホ対応というよりも、スマホファーストで作る、そんな時代です。一般的に、スマホからのアクセス比率は、7割といわれますが、岩盤浴施設を経営する知人から聞いた話ですと、スマホからのアクセスが9割ということでした。

採用サイトはスマホファーストで

WMS.
株式会社WEBマーケティング総合研究所
採用情報サイト
社保完備
産休・育休復帰率100%
土日祝休み
歯科衛生士の
新しい活躍の場が
ここにあります
歯科衛生士
8名在籍
職場見学・面接応募はこちら
企業で働く歯科衛生士★月給27～60万円
★【土日祝休み】社保完備
企業内で歯科衛生士の資格や経験を活かして、
歯科医院をサポートするお仕事をしませんか？

スマホ対応は当然。笑顔の集合写真でウエルカム感を出す。求職者が求めている内容がすぐにわかる。

採用サイトを準備し、事業内容や社長の考え方などをしっかり掲載することが重要です。

採用サイトの運用は社内か外注か？

採用サイトの作成を外部に発注するのは自然なことです。ただ更新作業は、社内でやるのか、外注するのか、考える必要があります。結論からいうと、どちらでも良いのですが、素早く更新ができるかどうか、という部分がポイントになります。

社内説明会が定員になったときなど、申し込みフォームを閉じたり、「定員につき受付を終了しました」と掲載しなければなりません。

その際はすぐに更新しないと、学生に迷惑をかけてしまいますし、印象も悪くしてしまいます。ですから外部に委託していても、すぐに更新できるなら構いません。

しかし多くの場合、外注先も都合があります。御社の都合をいつも優先するのは難しいでしょう。そういう意味では、採用サイトの更新作業は社内でできた方がいいでしょう。

社内で簡単に更新するためのお勧めのツールは後ほどお伝えします。

何を載せるべきか？

インターネットマーケティングでよく言われる言葉に「コンテンツ・イズ・キング」というフレーズがあります。テクニックよりも中身が一番大切である、という意味です。内容が最も重要だということです。

では、採用サイトで最も重要な内容とは何でしょうか？　就活生から見て最も知りたい内容は「この会社に自分が合っているかどうか？」になるはずです。

したがって、先輩インタビューが大切になります。どんな人が入社しているのか？　どう考えてこの会社に入ったのか？　が知りたいのです。先輩インタビューで自分と似たような考え方の人がいたら、この会社は自分に合っているんじゃないか、と思うからです。

インタビューには若手社員を起用する

なぜ、インタビューは若手社員がいいのか？　その理由は、就職活動中の学生の気持ちがわかるからです。何年も経つと忘れてしまうので、卒業後まもない社員が望ましいです。また何を聞くのか、質問内容は重要です。

緊張していては、本音を聞きだすことができませんので、時間を十分とって、忙しくない時期に、じっくり聞いてください。そのときの表情や雰囲気もしっかり観察することが大切です。言葉にした内容も大事ですが、表情や、ふとしたつぶやきに重要なヒントが隠れているかもしれないからです。

昔、「刑事コロンボ」というドラマが人気でした。刑事コロンボは、犯人の可能性がある人を訪問し、いろいろ質問します。帰ろうと後ろを向いた途端、「あ、そうそう忘れてました。」と質問するのです。犯人は終わったと安心しているので、つい本当のことを話してしまう、というわけです。

社員インタビューは、犯人ではないのですが、たいていの場合、質問されると緊張して、本音が出ないものです。本音がなかなか出ないという前提でリラックスした雰囲気作りを心がけることをお勧めします。

「ウチの会社を選んだ決め手は何だったか？」
「何が気にいって、エントリーしたのか？」
「実際に入社してどうだったか？」

この3つは、絶対に聞くことをお勧めします。ただし、聞く姿勢と言い方は非常に重要です。刑事ドラマのような尋問調は論外ですが、言い方には十分気をつけてください。一人で取材するのなら、録音した方がいいでしょう。意外に聞き漏らすことがありますから。

取材 → 発信 → 検証

という流れを何度か繰り返すことで、少しずつ知見が蓄積されていきます。
社員にインタビュー（**取材**）し、ホームページにアップ（**発信**）します。その後アクセス状況を見て、誰のインタビューが長く見られているか、どれくらいの時間見られているかを確認します（**検証**）。

滞在時間が1分程度を一つの目安にして、写真や記事を追加または改善していきます。


先輩社員へのインタビューは、採用サイトでもっとも学生に見られる内容です。それなのに肝心のインタビューページがあまり充実していない場合も多いので、ぜひ力を入れてください。

写真は絶対に必要です。ただ写真はあっても、暗かったり、ピントがいまいちだったり、角度がもうひとつだったりという写真が多いです。せっかく御社を代表して出るわけなので、できるだけ良い写真を撮ってください。

ポイントは、下記の3つです。

ピントを合わせる
明るさに気をつける
笑顔を撮る

「ピントを合わせるなんて、当たり前だろう」と思われる方がおられるかもしれません。ところが、いろいろな会社の採用サイトを見てみると、ピントが合ってない写真が結構使われているのです。奇跡の一枚とはいいませんが、少なくとも映りの良い写真を使用してください。その写真で学生が「この会社良さそう」と思うか「この会社はやめておこう」と思うか、たった1枚の写真が運命の分かれ道になってしまうかもしれないのです。

「芸能人は歯が命」というキャッチコピーが流行ったことがあります。私のような、講師業やコンサルタント業の人間にとって写真は命です。写真がイマイチだと、「この講師はやめておこう」という結果を生んでしまうことがあります。

以前、ある女性から「斎藤さんのプロフィール写真って、すごく良い感じですよね」といわれたことがあります。なるべく好印象を持ってもらえそうな写真を選んでいるわけですが、気にいってもらえる方もいてくれたので安心しました。

写真の良し悪しについて、わざわざいってくれる人はめったにいません。しかし、無意識のうちに、好きか嫌いかを判断しているものです。採用サイトなどに載せる写真は、ばっちりピントがあったものにしてください。

次に「写真の明るさに気をつける」ということです。屋外で撮る場合はいいのですが、室内で撮る場合は注意が必要です。天気の良い日で、太陽が差し込む部屋で撮影するならまず問題ないですが、窓がない部屋だったり、あまり日が当たらない場所だったりすることもあるかと思います。そういう場合には、撮影用のライトを用意することをお勧めします。Ａｍａｚｏｎなどで、２，０００円くらいからありますので、ご覧ください。

また、人物を撮る際の角度ですが、真正面から撮るのではなく、右か左かどちらでも良いのですが、少し角度を変えて撮影するようにしてください。証明写真のような、**真正面から撮った写真は避けてください**。

おすすめの撮影用ライト

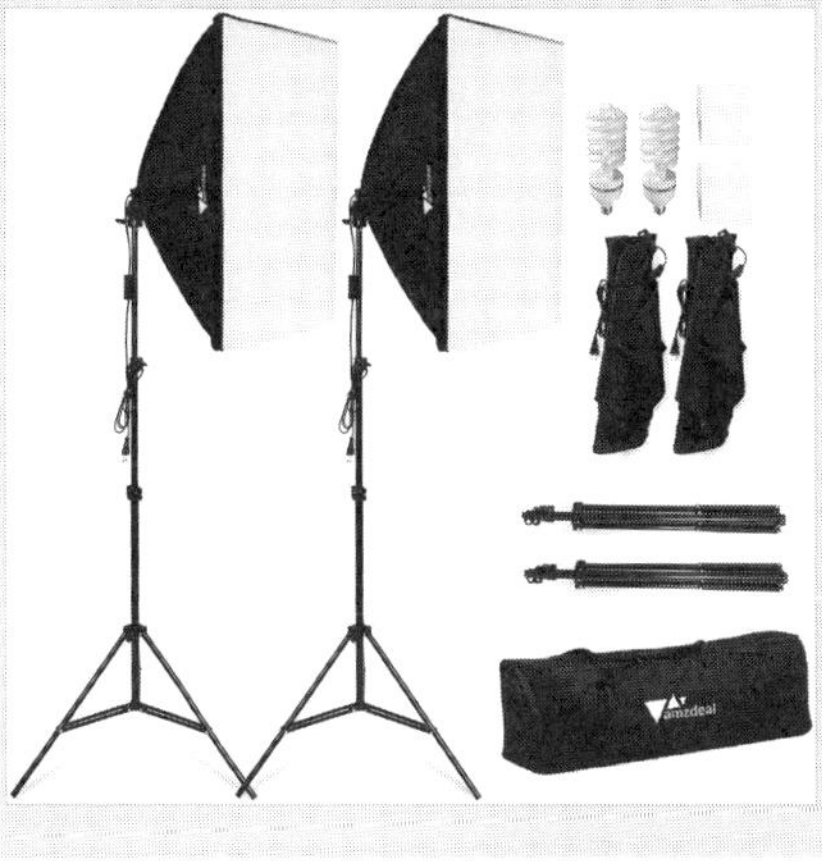

「Amzdealソフトボックスキット」は2つのLEDライトがセットになったもの（キャリングバッグつき）。9,999円（税込）（Amazon）

社長や社員の写真は、笑顔の写真を撮るようにしてください。製造現場や設計など仕事中の写真を撮る場合は、笑顔でなくて大丈夫です。でも、仕事中の写真でない場合は、できる限り笑顔の写真を撮ってください。

以前、私は、笑っていないプロフィール写真を使っていたことがありました。写真そのものは、スタジオでプロに撮ってもらったものです。人生で初めてメイクまでして撮りました。

何かの懇親会の時に、ある女性にいわれました。「斎藤さんの写真って、笑ってないので、なんか怖そうな人だと思ってました。でも、お会いしたら全然怖い人じゃなかったです」と。このことからわかることは2つです。女性の方が写真に敏感だということ。もう一つは、笑顔じゃないと怖い人だと思われる場合があり、マイナスだということです。本人にまったくその気がなくても、真面目な写真は怖く見えるものです。

すぐに笑顔になれないこともあると思いますので、その際は、何枚か撮って慣れてから撮影するようにすると良いでしょう。特に、プロに頼んで撮ってもらう場合は、注意が必要です。カメラマンと撮られる方が初対面の場合だと、なかなか自然な笑顔になれない場合がありますので。

芸能人ではないので、極端なアップで撮る必要はありませんが、表情ははっきりとわかるようにしてください。

① 屋外で撮るなら、晴れた日に
② 室内で撮るなら、明るさにご注意を
③ 日光が入らない場所で撮影するなら、撮影用ライトの準備を

他社の採用サイトをとことんリサーチ

何のために、他社のサイトをリサーチするのか？　それは自社を知るためです。「人間は自分自身のことを知ることが一番難しい」といわれます。会社も同じで、自分の会社のことは意外によくわからないものです。

そこで他社をリサーチすることを通して、自社を知ろうというわけです。

マーケティングの支援をする際、クライアントさんに、「競合他社のリサーチをしっかりやってください」とお願いすることがあります。ネットがない時代だと、競合調査は大変でしたが、今は、ずい

ぶん楽になりました。

まず、同じ地域で同業者があれば、同業者の採用ポータルサイトを確認し、その後、採用サイトを確認します。

マイナビなどの場合、「この企業に興味がある方は、こんな企業にも興味を持っています」と表示されますので、その企業を調べてもよいと思います。その他に、採用サイトを検索し次の項目をチェックしてください。

・スマホ対応しているか？
・社員インタビューは掲載されているか？
・就活生および求職者へのメッセージはあるか？

就活生へのメッセージが具体的かそうでないか、は重要です。具体的でなければ、学生に伝わらないことがほとんどだからです。例えば「有給消化率１００％」と書いてあったとしましょう。それは、仮にやろうと思えば誰にでもできる目標でしょう。しかし、いざ実現しようとすると、そう簡単な話ではありません。

このように、誰でもできるけれど実際にやるのは大変ということこそ中小企業向きです。キャッチコピーやメッセージを考える際は、可能な限り具体的なものにしてください。

具体的なものにしようとすると、さきほどの有給消化率100%の企業の事例のように、変革を伴うケースが多いでしょう。

しかし、その過程こそ、採用を通じて企業を作り変えることに繋がるのではないでしょうか?

また、採用サイトのスマホ対応は必須です。9割以上の就活生はスマホでホームページを見ます。それなのに採用サイトがスマホ対応していないという状態であるならば、やる気がないと思われても仕方ありません。

スマホ対応は今や、当然やっておくべきことです。新卒採用に力を入れるといいながらスマホ対応していないのは、言行一致していないといえるでしょう。

後述のサイト作成ツールを使えば、簡単にスマホ対応のサイトにできるので参考にしていただければと思います。

インタビューも写真がイマイチなら、そんなに本気じゃないということが伝わってしまいますし、メッセージも一般的であれば、学生にインパクトを与えることはないでしょう。

このように、採用サイトをチェックしただけでも、新卒採用に対する本気度は簡単にチェックすることができます。

ぜひ一度、合同説明会で一緒になった企業の採用サイトを確認してください。

自社の採用サイトのレベルを客観的に見ることにもつながりますので。

キーワードを考える

採用サイトは作ったら終わりではなく、作ってからがスタートです。どのページが見られているか、アクセス数と滞在時間を見ます。地域名、職種、業種などを入れると良いでしょう。実際、大手求人サイトは、そのようにしています。

例えば、「東京　ルートセールス　求人」と検索すると、「エンジャパン」や「ｉｎｄｅｅｄ」のサイトが上位に表示されます。

同じキーワードばかり入れると、Ｇｏｏｇｌｅからペナルティを受けることがあります。ページを増やすときは、まったく同じキーワードではなく、少なくとも一部は変更してください。よく見られているページと同じ内容を増やしていき、さらにサイトを見られる時間を増やしていきましょう。

お勧めのサイト作成ツール

コンテンツマネジメントシステム、いわゆる「ＣＭＳ」という仕組みを採用したツールがお勧めです。その理由は、ＣＭＳを採用したものは更新が簡単だからです。そのため特別なスキルは不要で、社内での更新が容易です。

代表的なものだと、ワードプレスがありますが、専門的な知識を必要とする点があり、詳しい方がいない場合はお勧めしません。

使い方が簡単なものでいうと、「ジンドゥー」、「エンゲージ」、「ペライチ」などがあります。

エンゲージは1ページだけ作成するツールで、楽天市場の商品ページのような縦長のページを作ることに特化したツールです。中途採用ならエンゲージでも良いと思いますが、新卒採用にはエンゲージだけだと情報量が足りません。その他のツールも併せてお使いになることをお勧めします。

エンゲージは採用に特化しているので、作成が非常に簡単です。採用サイトがまだない状態でしたら、まずエンゲージで採用サイトを作るといいでしょう。

ペライチは、採用に特化しているわけではありませんが、こちらも簡単です。同じく、1ページだけのホームページを作るシステムです。有料ではありますが、採用テンプレートもリリースされています。

採用に真摯に取り組んでいる、という姿勢を見せるためには、ある程度充実した採用サイトを作成されることをお勧めします。

ジンドゥーなどを使えばホームページ作成スキルがなくても、採用サイトを作ることができます。とはいえ、きちんとした見た目にするにはプロの手を借りる必要があるでしょう。

社内で大部分を作ってから、トップページの顔である、ヘッダー画像など、必要な部分だけをプロに作ってもらうという方法もあります。この場合は、数万円という費用で済ませることができま

ジンドゥーで作られた採用サイト

19:02
◀ Evernote
AA fuchuhp-recruit.com
地方独立行政法人
府中市病院機構
RECRUIT SITE
やさしい心で、良質な医療を
新しく生まれ変わった病院で一緒に働きましょう
患者さまが、府中市民病院を受診してよかったと思っていただける看護を目指しています。
このような看護を一緒に実践していきましょう。

HTMLなどの専門知識がなくても自分たちで更新できる。最初だけデザイナーに作ってもらうことも可能。費用も月1,000円程度で利用でき割安。

ジンドゥーで作られた、府中市立病院の採用サイト。
ジンドゥーの公式サイトはhttps://www.jimdo.com/jp/

エンゲージで作られたサイト

エンゲージで作られた、AFURI株式会社の採用サイト。
エンゲージの公式サイトはhttps://en-gage.net/

採用サイトに特化しており操作は簡単。大きく画像が表示されることもあるので、どの画像を使うか、どういう風に表示されるか必ず確認する。

ペライチで作られた採用サイト

1ページのホームページを簡単に作成できるのが特徴。採用サイト専門ではない。無料版もあり。有料版は月1,000円程度～。

ペライチで作られた、株式会社アート・プラの採用サイト
ペライチの公式サイトはhttps://peraichi.com/

アート・プラの採用サイトの良い点
- 社長の写真がある
- 社長の動画を載せている
- 「今すぐ面接を申し込む」という文言

す。

どのサイト作成ツールを選んでもいいのですが、更新しやすいものを選んでください。放ったらかしはイメージが悪くなりますので。ジンドゥーが良いか、エンゲージやペライチが良いかは、どれも無料でお試しできるのでまずは両方使ってみてください。その後、お好みで決めたらいいと思います。

私は、最初ジンドゥーで作ったので、ジンドゥーを利用しています。

CHAPTER 8

第八章

YouTube活用で差をつける

LINE RECRUIT
REVOLUTION!!

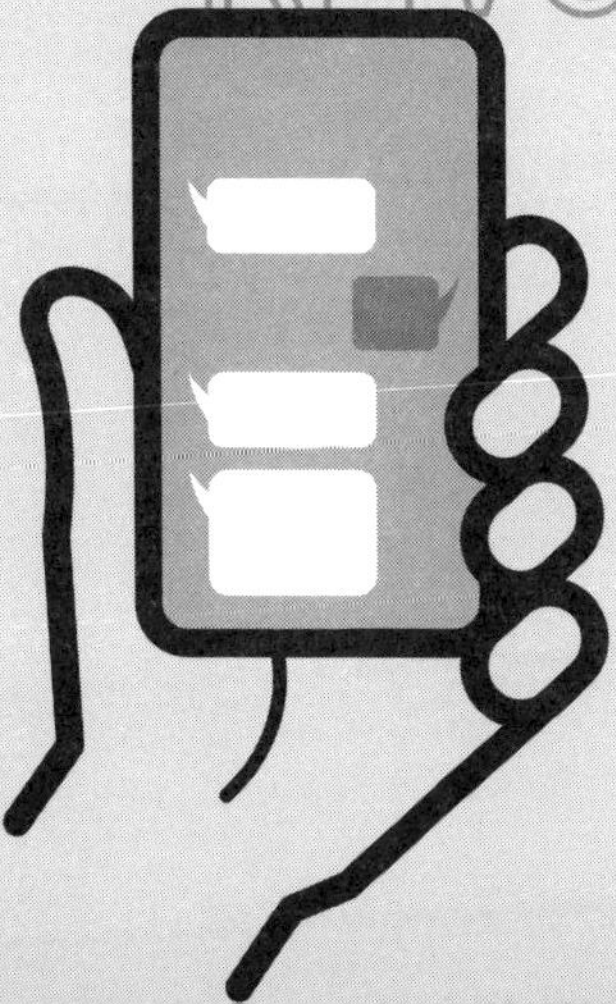

採用にＹｏｕＴｕｂｅ（動画）が効果的な理由は？

ＬＩＮＥは、単独で採用に使っても強力ですが、他のツールを組み合わせて使うことで、大きな相乗効果を発揮します。ＬＩＮＥとＬＩＮＥの欠点を補うツールの組み合わせをしっかりと準備することが、他社と差をつけ、御社に合った人材を採用するための近道なのです。

ＬＩＮＥ採用を行っている企業は、５％程度という調査結果もあります。ＬＩＮＥを採用に取り入れるだけでも、上位５％に入ることができるのです。大変なチャンスだと思いませんか？

採用における三種の神器

ＬＩＮＥと採用サイトとＹｏｕＴｕｂｅの３点セット、これが中小企業にとって、採用に必須な三種の神器といえるのではないか、と私は考えています。また、この３つのツールが足し算ではなく、かけ算だと考えています。式で表すと、次のようになります。

LINE×採用サイト×YouTube

次にこの式の順番を現実的な流れで考えてみましょう。次のような順序が多いのではないか、と思います。

採用サイト→YouTube→LINE

採用サイトを見て御社に興味を持ってもらい、YouTubeで良い印象を持ってもらい、その後、LINEに登録してもらうという流れです。

あるいは、動画をYouTubeにアップすることで、次のようなパターンもあります。

YouTube→採用サイト→LINE

動画をYouTubeにアップすることで、GoogleやYahoo!やYouTubeで検索し、御社の動画を見つけてもらいます。そして興味を持ってもらい、いくつかの動画を見てもらい、御社のことを気に入ってもらいます。

その後、採用サイトを見て仕事内容などを確認してもらい、ＬＩＮＥに登録してもらうという流れです。採用動画を一つだけでなく、複数ＹｏｕＴｕｂｅにアップすることで入口をいくつも作ることができます。

採用動画の本数が増えてくると、この流れが加速していきます。

この公式は、かけ算というところがポイントです。一つの要素の出来が悪いと、全体のパフォーマンスに影響します。

例えば、入口となる採用サイトの出来が悪いと、イメージダウンに繋がり、ＬＩＮＥの登録が増えません。同じようにＹｏｕＴｕｂｅ動画がＣＭのようなイメージ動画だと、御社への興味が湧かず、やはりＬＩＮＥに登録してもらうのは難しいでしょう。

この流れを学生や求職者側に立って考えると、次のような3つのステップになります。

発見 → 関心 → 登録

御社のことを発見してもらい、関心を持ってもらい、登録してもらう。この3つのステップの各々の段階を一つずつ考えていくことが大切です。

どうすれば求職者にわが社を見つけてもらえるか?

この問いに真摯に向き合う事が重要です。例えば、「もっとわが社を発見してもらいやすくするためにＹｏｕＴｕｂｅの動画の本数を増やしてみよう」という具合です。ＰＤＣＡサイクルを早く回すことが成功への近道です。ネットを活用するメリットは、ＰＤＣＡを早く回せるということもあります。

（ＰＤＣＡサイクル……Ｐｌａｎ（計画）・Ｄｏ（実行）・Ｃｈｅｃｋ（評価）・Ａｃｔｉｏｎ（改善）を繰り返すことによって、生産管理や品質管理などの管理業務を継続的に改善していく手法のこと）

YouTube活用の8つのメリット

それでは動画がいかに採用に重要かを具体的に解説していきましょう。

1つめの理由として、**動画は圧倒的な情報量を持っていて、伝わりやすい**ことです。

本にある文字からは、なかなか伝わりにくいことも、動画なら伝えやすい場合が多いです。百聞は一見にしかずという言葉がありますが、まさに一つの動画は百の文章に優るのです。

いつもテレビで見ている芸能人に、たまたま街で会うと親近感を感じるように、ＹｏｕＴｕｂｅもテレビと同様の効果があります。

そのため、ＹｏｕＴｕｂｅｒは、子供から芸能人並みの憧れを持たれているのです。動画によって就活生や求職者が、御社に親しみを持ってくれたとしたら、選考がスムーズに進むことを想像していただけるでしょう。

2つめの理由として、**今の学生はYouTubeを見慣れています**。

少し残念なことではありますが、今の大学生や若い人は、本を読まなくなっています。電車に乗っている学生や若い人を見ると、スマホでゲームをしている人が大半です。また、ドコモがギカホプランを出し、各社とも似たような大容量プランを用意していることからも、学生や若い人は動画をよく見ていることがわかります。ですから、動画を活用した方がいいのです。

3つめの理由は、**動画には音声があります**。音があると臨場感が全く違います。迫力も伝わります。

例えば、先輩社員へのインタビューにしても、どんな声なのか、どんなトーンなのか、どんな口調なのか、でまったく印象は異なります。文章だけではなかなか伝わらないニュアンスも、動画なら、しっかり伝わるというわけです。

4つめの理由は、**無料で使えることです**。YouTubeにいくつ動画をアップしても料金はかかりません。無料で使えます。

従来までは動画用のサーバーは、料金も高く、容量も少ないものでした。それが無料で使えるので使わない手はありません。外部のサーバーだからと気にするのは時代遅れです。セキュリティも御社より、Ｇｏｏｇｌｅの方が安全だと思いませんか?

５つめの理由は、**検索エンジン対策になるから**です。ＹｏｕＴｕｂｅはＧｏｏｇｌｅが買収したので、今はＧｏｏｇｌｅです。Ｇｏｏｇｌｅは、検索する人に親切な情報を提供することを最も重要と考えています。動画は、文章に比べて圧倒的に情報量が多いため優遇されており、検索したときに上位に表示されるようにＧｏｏｇｌｅが調整しているのです。無料で検索結果の上位に表示されるのですから、やらない手はありません。

６つめの理由は、**採用動画を作成している企業はまだ本当に少ない**からです。

ＬＩＮＥ採用を始めている企業も少ない上に、採用動画も利用すれば、より一層差別化できます。ＬＩＮＥもＹｏｕＴｕｂｅも、学生や若い求職者に非常に良く利用されるので、進んだイメージを持ってもらえます。

また、採用動画を作成している企業の動画はビジュアルを重視したイメージ動画も多く、学生や求職者の目線で役立つ動画はごく少数です。ですから今、このタイミングで役立つ採用動画を作成すればかなり注目されるというわけです。

7つめの理由は、**採用動画をYouTubeにアップしている少数企業でさえ、説明文を意識している企業は皆無に近い**ことです。説明文をしっかり表示できるスペースがあるのに、書いている企業は、ほとんどありません。説明文で動画の内容を解説、補足できることはもちろんですが、それに加えて説明文には、LINE公式アカウントのURLを貼ることもできます。そうすれば、スマホからワンタップで登録できるようになるのです。

この「YouTube→LINE」という流れは強力です。なぜなら、動画を見て、御社に好意を持ってくれたその場で、すぐにLINEに登録できるからです。

それにも関わらず、採用動画でLINEへの誘導を記載している企業は、私が調べた限り一社だけでした。その一社とは、以前私がセミナーを共同開催したときに参加された方が代表を務める企業でした。

YouTube×LINE採用は、大変うまくいっているそうです。

8つめの理由は、**YouTubeに採用動画をアップすれば、アップするだけ入口を増やすこ**

とができるからです。

つまり、ＹｏｕＴｕｂｅに採用動画を10個アップすれば、10個入口を作ることができます。ＹｏｕＴｕｂｅは一つ一つの動画が独立しているため、動画をアップすればするほど入口が増えていくのです。ＹｏｕＴｕｂｅの一つ一つの動画は資産です。一つの動画が一人の採用担当者のようなものです。動画の本数が増えてくると、加速度的に効果が出ることがわかっています。

プロに動画を作らせてはいけない？

採用動画のうち、いくつかはプロに頼んで採用動画を作成してもいいでしょう。ただ、基本的には社内で撮ることをお勧めします。キレイ過ぎるチラシは、売れないことが多いのをご存じでしょうか？　この本を書くにあたって、たくさんの企業の採用動画を確認しました。ほとんどはプロが作ったカッコいい動画でした。

しかし、サイバーエージェントなど一部の有名企業を除くと、再生回数はたいしたことはありませんでした。そう、採用動画はまだまだ穴場なのです。

おまけに、プロに頼むと製作費が高いため、結果的に動画の本数が少なくなってしまう傾向があります。数年前に撮ったきり、という企業もありました。

大企業といえども、採用動画に関するノウハウを持っている企業はほとんどないのが現状です。だからこそ、2020年の今、中小企業は、採用動画を作成すべきなのです。

いち早く採用動画の活用を始めた企業の声を聞きました。岡山市内で運送業を営む、平賀運送株式会社という企業です。

YouTubeを
上手く活用している平賀運送

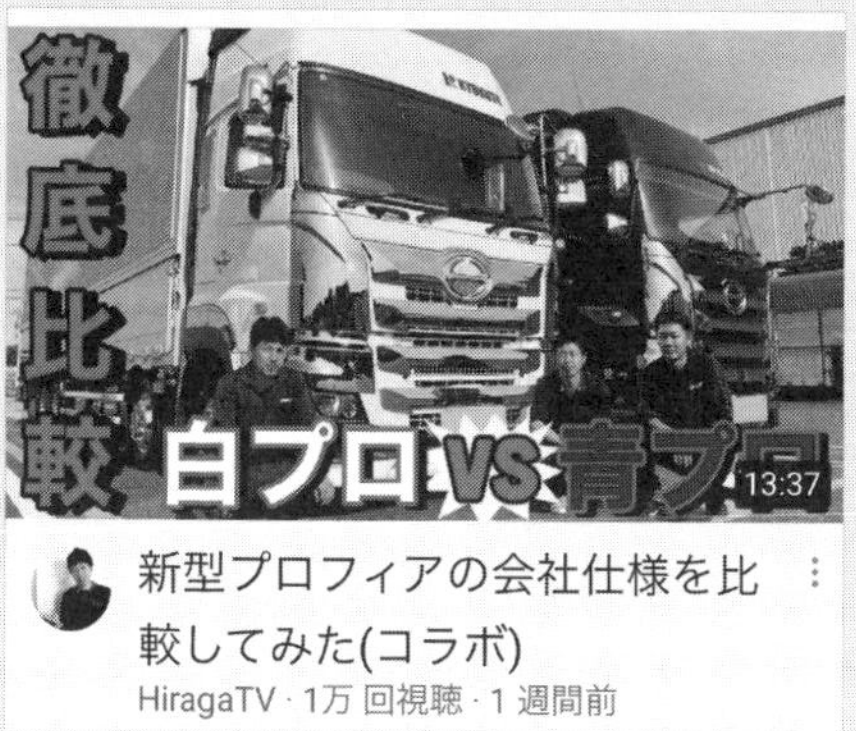

徹底比較
白プロVS青プロ
13:37
新型プロフィアの会社仕様を比較してみた(コラボ)
HiragaTV · 1万 回視聴 · 1 週間前

迫力ある画像で、画像からも本気度が伝わる。文字も大きく見やすい。徹底比較などタイトルもひと工夫している。

この会社では、採用対策として2019年10月からYouTube活用を始めました。2020年6月現在で、登録者が4,360人と中小企業のYouTubeチャンネルとしては、かなり順調に登録者が増えています。コメントもたくさん入るようになってきました。

今までは求人サイトに申込みしても、テレビCMをしても、まったく応募がなかったそうです。ところがYouTubeチャンネルを開設して、数カ月たったら、問合せが来るようになったそうです。

会社を訪問し、YouTube採用の旗振り役である平賀充史（あつし）取締役に話を伺いました。

平賀「先日、北海道にお住まいの方から問合せがあり、岡山までわざわざ面接に来られました。面接に来られた方は運送業未経験というだけでなく、なんと現役の先生だったんです。まったく異業種への転職ということで、慎重に考えた方がいいとマイナスな情報もお伝えしました。考えてみますとのことだったので、もうウチには来られないだろうと思っていたのです。1週間後に『よく考えたけれど、やっぱり入社したい』と連絡がありました」

斎藤「それは、スゴいことですね。それでその方は今、どうされているんですか？」

平賀「大型免許がないので、教習所に通ってもらってます」

本当に驚きました。北海道から岡山への転職というだけでも大きな決断です。しかも、まったく未経験の仕事。ＹｏｕＴｕｂｅの力を見せつけられた気がします。

平賀取締役の**ＹｏｕＴｕｂｅ採用に注力する**、という決断も素晴らしいですが、期待に応えて右も左もわからないところから、ＹｏｕＴｕｂｅ担当としての役割を見事に果たしている今西裕之課長の努力にも頭が下がります。そして、若い力が十分に発揮できるよう、お二人の活動を認めておられる平賀哲也社長には敬服するばかりです。

採用動画の目的は、動画を作ること、増やすことではありません。いうまでもなく応募してもらい、入社してもらうこと、そして、定着してもらうことです。

虫のいい話だと感じる方がいらっしゃるかもしれません。しかし動画でしっかり伝えれば、ミスマッチを確実に減らすことができます。その結果、退職が減ります。決して、調子のいいことをいっている訳ではありません。

　文字では伝わらない微妙なニュアンスや雰囲気を人は感じとることができるのです。さきほどご紹介した平賀運送の場合、求職者はいろいろな動画を見て応募しています。情報量が圧倒的に多いのでミスマッチは大きく減少しているはずです。平賀運送の場合、ＬＩＮＥは利用しておらず、採用サイトも力を入れる前でした。それでも応募者が確実に増えました。

　別の言い方をすると、中途採用ならばＹｏｕＴｕｂｅ活用だけでも採用できるということです。もちろん、職種にもよると思います。

軽運送業の株式会社アート・プラ

2:08
江戸川区 軽貨物配送ﾄﾞﾗｲﾊﾞｰ求人募集 新型ｺﾛﾅｳｨﾙｽ 面接につ…
軽貨物配送業のアート・プラドライバーで独立しよう · 125 回視聴 · 3 か月前

トラックのような「趣味性」に頼らずとも上手くYouTubeを活用している、株式会社アート・プラ
http://www.art-pla.co.jp/

例えば、菅原文太主演のトラック野郎という映画がありました。トラック関係の雑誌は現在も2誌ほどあるようです。このことからもトラック好きな方たちの市場があるのはわかります。そのためトラックの動画をアップすると、再生回数を稼ぎやすいという背景があります。

じゃあ趣味性がない業種では再生回数が増えず、採用できないのか？　といえば、そんなことはありません。

軽運送の求人の場合は、トラックほどファンがいる訳ではありません。それでも、中途採用に成功している会社があります。

東京都江戸川区で軽貨物配送業を営む、株式会社アート・プラです。

この会社の場合は、ＹｏｕＴｕｂｅ×採用サイト×ＬＩＮＥを組み合わせて利用することで採用を実現しています。たまたまどちらも運送会社ですが、双方とも社内で動画を撮影しています。なので、プロに頼まなくても採用できる動画を作成することはできるのです。

何を撮るかで勝負は決まる

カッコいい動画かどうかよりも、採用に繋がるかどうかが重要です。そのためには、何を撮るか？　がポイントになります。

たとえばプロのモデルを頼めば、カッコいい男性やキレイな女性を呼ぶことができます。でもリアル感がないので、一度見て終わりになることが多いのです。人間の勘は怖いもので、社員でなくプロのモデルの場合、なんとなく違和感を感じたりします。

キレイなチラシが売れなかったり、カッコいいホームページの問合せがないのと同じで、ライブ感がないものは反応が取れません。

こういう学生はいないと思うのですが、動画に登場するキレイな女性やカッコいい男性が本当に社内にいるのだと勘違いされて、入社したら「全然違う」と思われてしまうのも困ります。

映画やドラマに必ず台本があるように、採用動画にも台本は必要です。

オフィスを撮るのか、現場を撮るのか、社員にインタビューするのか、事前に考えておく必要があります。社員にインタビューするのなら誰に頼むかも大切なポイントです。

お勧めは、採用サイトの章でも話したように、入社後間もない若手社員です。1年め〜2年めの社員がいいでしょう。

男性社員か女性社員か、という点については、両方撮った方が良いです。インタビュー候補者が複数いる場合は、より好感が得られやすい人に頼むのがお勧めです。

男性よりも女性の方が好き嫌いに関して敏感なので、女性社員の意見を聞いて、誰にインタビューするのか決めるのがお勧めです。

二章でも紹介しましたが、名鉄バスの運転手採用動画がＹｏｕＴｕｂｅにアップされています。これはプロに頼んだ動画だと思いますが、とても良い動画だと思います。

凝った演出よりもシナリオで決まる

YouTuberがやっているような凝った演出は不要です。理由は、就活生や求職者は凝った動画を求めているわけではないからです。また凝った編集をすると時間が非常にかかるというデメリットがあります。編集に凝りだすとキリがありません。

プロが作った動画と素人が作った動画の大きな違いの一つは、編集です。実際、編集の程度で費用は大きく変わりますから。それだけ時間をかけてカッコいい動画を作り、採用できれば価値があるのですが、イメージCMと同様に成果が出ることは少ないのです。

採用動画に関していえば、編集などのテクニックよりもシナリオ、つまり中身の方が断然重要です。具体的には「何を話すか」ということです。

必要以上に良く見せる必要はありません。等身大の御社の姿を見せて、それに共感する学生や求職者に、入社試験を受けてもらえばいいのです。

誤解しないでいただきたいのですが、ありのままを姿を見せるといっても、悪い点まですべて出すということではありません。

シナリオを完璧にするために、インタビューされる側の話すことをすべて決めてしまうと、うまく話せなかったり、演技のようになり嘘っぽくなってしまいます。なので事前に決めておくのは、インタビューする側の質問内容だけにしておきましょう。

当然のことですが、インタビューされる側の社員は俳優ではありません。したがって、カメラを向けられて普段通りに話すことができないのが普通です。ですから最初は、雑談をしたり、場を和ませることが必要です。慣れてきてから本番というわけです。プロの俳優や女優でもリハーサルするものなので、われわれ素人にリハーサルは必須でしょう。

インタビューで聞くことは、シンプルです。

「なぜ、今の会社に入社を決めたのか?」

ということです。もう少し補足すると、

「世の中にたくさん会社がある中で、どうしてこの会社を選んだのか？」

これを聞くのです。

「実際に入社してどうだったか？」

「今は、どんな気持ちで仕事をしているか？」

を聞くだけです。

「今後、どうしていきたいか？」

「どんなときに、やりがいを感じるか？」

「仕事で一番嬉しかったことは？」

を聞いてもいいですね。

このようなことを聞くことで、学生や求職者が御社に入ってから将来の姿をイメージすることができるからです。

質問する内容は事前に伝え、話す内容を考えてもらう時間をとった方がいいでしょう。いきなり質問されて、返答できないのも困るので。質問する方の声が入っても良いと思いますが、その場合は質問者も一緒に映った方がいいです。

あるいは、質問する人の声は消して、文字で入れてもいいです。その場合、編集で少し手間がかかることになります。

あえていうまでもないとは思いますが、モチベーションの低い社員を選ばないでください。

参考までに、悪い動画の例をお伝えしたいと思います。

それは、ＢＧＭだけで肉声がない動画です。そんな動画ではまったく情報が伝わりません。社員は俳優や芸能人ではありません。上手に話す必要はまったくないのです。モデルを使う必要ももちろんありません。むしろ使わない方がいいのです。

実態とかけ離れた動画を作っても意味がないどころか、ミスマッチを起こして早期退職につながるだけだと思います。

動画がカッコイイから入社する、本当にそんな学生がいるのでしょうか？　もしそんな学生がいるのなら、入社後活躍するイメージが全然持てないのは私だけでしょうか？

参考になるＹｏｕＴｕｂｅ

前述した名鉄バスは中小企業とはいえませんが、採用動画はとても良いと思いました。一番良いと思ったのはカッコいい動画を撮ろうとしていない点です。私はバスの運転手になりたいと思ったことはありませんが、少しでも興味がある人なら応募するのではと思ったほどです。

YouTubeの撮影機材は、どうするか？

最近のスマホは高性能なので、スマホでも十分です。ひと手間増えますがビデオカメラでも構いません。画質を良くしたいとお考えなら一眼レフカメラもいいでしょう。

もしスマホの画質に不安があるなら、テスト撮影をしてみましょう。テストでダメならそれからどうするか考えたらいいですが、最近のスマホならほとんどの場合はキレイに撮れると思います。

重要なのは、画質ではなく、音です。

ビデオカメラでも、スマホでも、音声が悪いもしくは雑音が入ると感じたら外付けマイクを準備してください。

同時に、マイクにかぶせる風よけも用意したほうがいいでしょう。

室内だとあまり気にすることはありませんが、屋外だと風の音が入るので必須です。

また、カメラの品質はともかく三脚は用意した方がいいでしょう。スマホの場合、手ぶれ防止のために、「ジンバル」という手ブレを防止する装置もあります。ジンバルを使えば、三脚を使わず手で持っていてもブレません。Ａｍａｚｏｎで探せばすぐに出てきます。ＤＪＩというメーカーが有名で、1万数千円くらいです。他メーカーからもたくさん出ているので、レビューを見てお考えください。

手ぶれ防止ができたら、次は音声です。先述したように実は動画の場合、画質よりも音声の方が気になるものです。

おすすめのジンバル

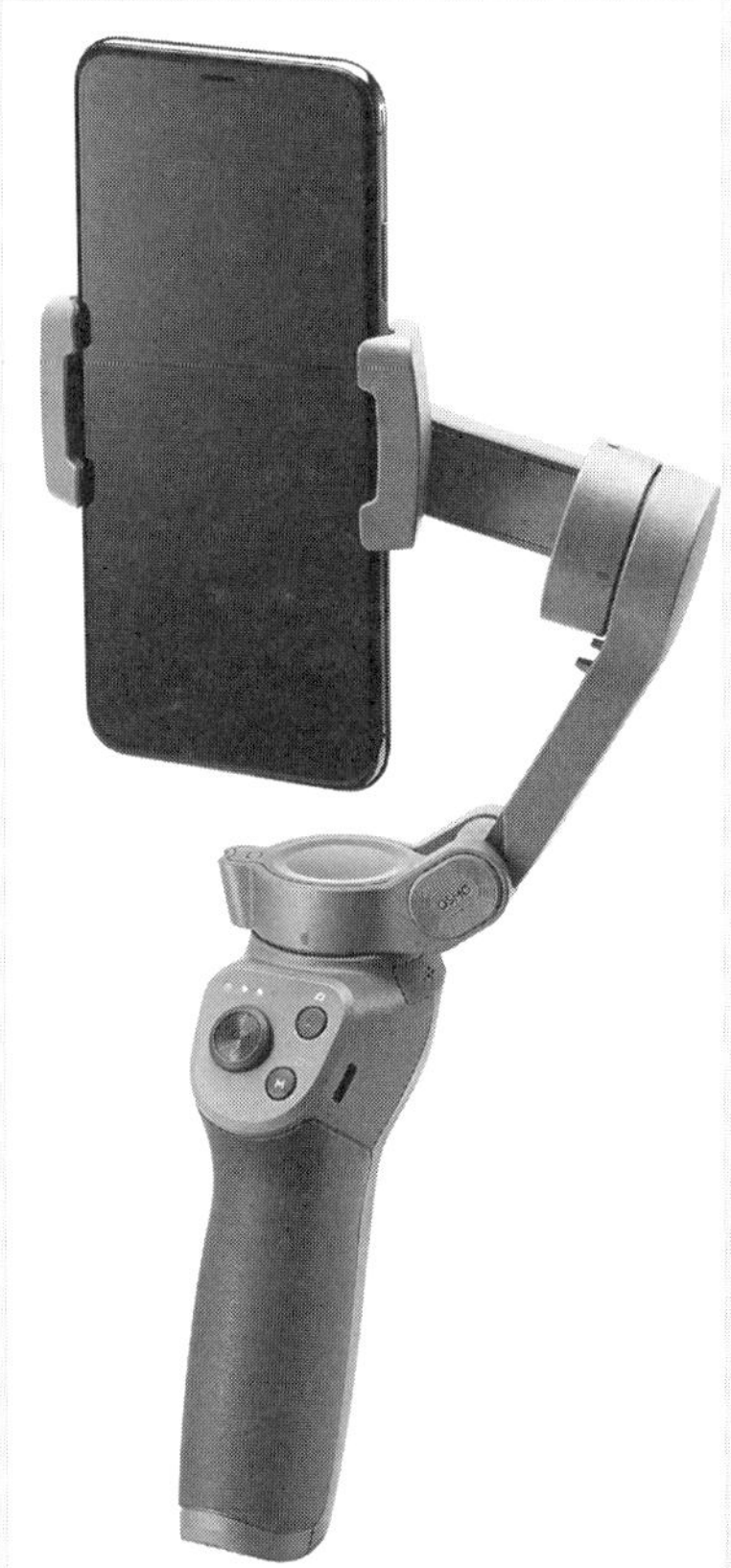

DJI製で評価の高い、スマホ用ジンバル。これを活用すればスマホでも本格的な動画撮影ができる。13,479円(税込)(Amazon)

スマホの場合、距離が近ければ音量、音質は問題ありません。ビデオカメラも同じようなものですが、デジタルカメラの場合は外付けマイクを用意した方が良い場合もあります。撮影中は、なるべくマイクに入力される音声のレベルが一定になるように気をつけてください。

事前にインタビューを行う場所でテストをして、音声がキレイに録音できているか確認してみてください。特に問題がないようなら外付けマイクは必要ありません。

室内で取材する場合、エアコンや機器などの音が入らないか十分確認してください。雑音があると、気になって集中できませんので。

音声以外に気をつけることがもう一つあります。それは、明るさです。写真のときと同様に屋外で昼間に撮影する場合は、まず問題ありません。

室内の場合は、後で確認すると思ったよりも暗いことがよくあります。必ず事前にテスト撮影をして、明るさのチェックをしてください。明るさが足りない場合には、撮影用のライトを用意してください。せっかく良い内容の動画が撮れたのに、映像が暗くて台無しというのは、あまりにもったいないので。

YouTube動画を作る上での注意点

多くのYouTube動画を見て気づいたことをお伝えします。

一番重要なことは、かならず御社のYouTubeチャンネルに動画をアップすることです。仮に動画制作会社に依頼した場合でも、御社のYouTubeチャンネルを作り、そのチャンネルに動画をアップしてください。

動画制作会社のチャンネルで動画をアップしている会社をときどき見かけます。これでは御社の資産になりません。極端な話、将来、制作会社が何らかの理由で動画を表示しない設定にするかもしれません。御社のチャンネルを作り、そこにアップしない限り御社の動画でも自社でコントロールできない状態になるのです。御社の資産にもなりません。

こんなバカな話はありません。

発注した動画の所有権を発注者が持たないのと同じですから。そういう契約をしたのでない限り、この点だけは絶対に実行してください。過去の動画も同様です。

動画を採用に使うなら、今すぐ御社のYouTubeチャンネルを作ってください。

その際、考えておくべきことがあります。それはチャンネル名です。「企業名　YouTube動画」というのが、基本だとお考えください。あるいは企業名だけでもいいでしょう。その場合は、「株式会社」の表記は不要です。

動画が始まる最初の部分、無音の時間はなくしてください。なぜか冒頭の数秒間が無音の採用動画があります。YouTubeの場合、無音だととても長く感じます。なぜ無音にするのか？　はっきりと意図があればいいのですが。

あるYouTube動画を見ていて、無音の時間が長いなと思い、時間を計ったら無音の時間が15秒もありました。ここまで長いのはめったにありませんが、15秒というと、短いCMの時間です。そういえば、おわかりいただけると思います。

次に気をつけてもらいたいのが、音がＢＧＭだけで、人の声がまったくない動画や少ししか入っていない動画も避けた方がいいです。これまた、全然伝わらないからです。ＮＨＫの番組「プロフェッショナル 仕事の流儀」でも、効果音と共に必ずナレーションが入ってます。

動画のトークを担当できる人が社内にいない場合は、地元のテレビ局やラジオ局、結婚式の司会などの方に頼んでみるのがいいでしょう。撮影を外部に依頼する場合は、フリーアナウンサーなどを紹介してもらえるのが普通なので、併せて依頼するといいでしょう。

絵や写真などを何枚か写すだけの動きのない動画も避けてください。退屈してしまいますので。

文字を入れる場合は、はっきりと読める大きさで入れてください。デザインを気にしているのか、読めないほど小さな文字を入れている動画があります。

またYouTubeは、一つ一つの動画にそれぞれタイトルを入力できますが、多くの採用動画は恐ろしいほど何も考えられていません。かならず意図してタイトルを入れてください。なぜなら、このタイトルに入っている文字がＧｏｏｇｌｅやＹｏｕＴｕｂｅで検索されたときのキーワードになるからです。学生や求職者がどんなキーワードを入れて、スマホで検索するのか？ 意識してタイトルを決めてください。

就活生や求職者と御社を繋ぐ架け橋、それが「検索キーワード」です。

「初めにことばがあった」有名な聖書の言葉です。まさに、この通りなのです。有名企業のように、社名で検索されることを指名検索といいます。その名の通り、指名されているわけです。

一方、ほとんどの中小企業は有名ではありません。したがって社名は知られていません。ですから検索されません。社名では検索されないからこそ、どういう言葉で検索してもらうか考えぬくことが大切なのです。

採用動画に関していえば、この検索キーワードについてしっかり考えている企業は、まったくといっていいほどない状況です。すなわち、ここに大いなるチャンスがあるのです。YouTubeは動画の数だけ自由に検索キーワードをつけることができるのです。無料でテストできるのと同じです。いろいろなキーワードを試して、再生回数が多いキーワードを増やしていけばいいのです。

多くの採用動画があれば、就活生や求職者に、御社を見つけてもらえる可能性が高まるのです。

例えば、次のような感じのキーワードを使ってタイトルを付けます。

新卒採用動画　先輩社員　インタビュー　2019年入社　営業職

このキーワードには、いくつかの意図があります。まず、「新卒採用動画」と検索された際に表示されることを狙っています。社名検索されなくても、「新卒採用」という言葉の力で見つけてもらうのです。

また、営業と入れることで、「営業職　採用動画」と検索された際にも、表示されることを意図しています。

ＹｏｕＴｕｂｅのタイトルは24～28字以内がベストといわれています。ＹｏｕＴｕｂｅのタイトルには最大で全角１００文字入れることが可能ですが、長いとすべては表示されません。したがって、上記の文字数を目安として、なるべくこの範囲内でタイトルをお考えください。

次に、説明文です。ここもほとんどの企業がまったく意識していません。本当にありえないくらいに何の対策もしていないので、採用動画には本当に大きなチャンスがあります。

説明文に絶対に入れる要素は2つ

まず、LINE採用アカウントのURLです。スマホでURLをタップすれば簡単にLINE採用アカウントに登録することができます。

次に、採用サイトのURLです。これをそれぞれ、一行めと二行めに入れます。

例えば、次のような形でYouTubeの説明文に記載します。

採用情報やお問合わせはLINEから→LINE採用アカウントのURL
○○株式会社の採用サイトはこちら→採用サイトURL

私の知人でYouTubeの専門家は、この方法でLINEの登録者をどんどん増やしていきます。そして、動画で伝えたいことを記入します。会社名や採用部署、採用担当者、電話番号を入れましょう。

営業時間を書いて、お気軽にお問合わせくださいと書いておけば電話してくれる学生もいるかもしれません。

通販の広告のように、

「YouTubeを見て電話しました」

「2021卒、○○大学の○○です」

「採用担当の○○さん、いらっしゃいますか?」

とお電話ください。


このように、YouTubeの説明文に書いておけば、「親切な会社だなあ」と思ってもらえるでしょう。

実際、電話が苦手な学生が多いので、学生の場合は、このように電話のかけ方まで書いてあると、電話をかけやすいのです。電話をかけて何といえばいいのか、わからないので電話できないのです。

ＹｏｕＴｕｂｅの説明文に、ＬＩＮＥの採用アカウントを載せておくことで、ＬＩＮＥの登録が期待できます。ＹｏｕＴｕｂｅからＬＩＮＥという流れが一つできます。またＹｏｕＴｕｂｅから採用サイト、その後ＬＩＮＥという流れもできます。ＬＩＮＥからＹｏｕＴｕｂｅの動画を送ることもできます。双方向の流れができるのです。

学生や求職者との接点を複数いろいろな形で持つことで認知率が高まり、応募の可能性が高まります。さらっと検索しただけで、あちこちに出てくるのが重要なのです。

次に、ＹｏｕＴｕｂｅ動画の顔ともいえる、サムネイル画像について解説します。

動画をアップする前に、しっかりとサムネイル画像を作成しましょう。作る目的ですが、サムネイル画像を見て興味を持ってもらい、動画を見てもらうためということになります。

ＹｏｕＴｕｂｅのサムネイル画像には、いくつかの条件があります。まず、画像サイズが２ＭＢ以下という条件があります。デジカメで写した画像だと簡単に超えてしまいますのでご注意ください。

また画像の解像度は、１２８０×７２０ピクセルが推奨されており、最小幅が６４０ピクセルとなっていますので、小さすぎる画像はアップできません。

写真に文字を入れたものを基本にお考えください。やはり、名鉄バスのYouTubeを参考にされるといいでしょう。

人物の顔がアップの画像に、何の画像なのかを文字で説明しているものです。やはり、人の顔があった方が確実に目を引きますのでお勧めです。

商品を載せてもいいですが、商品だけではなく、人と一緒の方がいいです。例えば住宅なら、家の前で人が立っている画像や、車なら車と人が一緒に写っている画像というイメージです。

サムネイル画像の作成は、画像編集ができるならなんでも構いません。よくわからない場合は「phonto」という、写真に文字を配置できるアプリがお勧めです。無料で使い方も簡単です（iOS、Androidで利用できるアプリです）。

その後、動画をチェックして、前後の不要部分をカットして余計な部分がないようにしてください。不用な部分を削除したりする程度の編集ならプロでなくても簡単です。動画編集ソフトは、Windowsなら「Windowsムービーメーカー」や「フォト」の動画編集機能、MacやiPhone、iPadなら「iMovie」が良いでしょう。編集が難しいならば編集だけを外注するというこ

YouTube動画の編集は
このように行う

エディタ

YouTube動画エディタ

動画編集ソフトがなくても、YouTubeが提供する動画エディタを利用すれば、簡単な編集は可能。自分のYouTubeチャンネルから、自分の動画→編集する動画を選ぶ→エディタをクリックで動画エディタの画面になる。

カット

「カット」をクリック

選択範囲

カットする範囲を選択

プレビュー

カットする範囲をプレビューで確認

保存

保存を押して保存する

画像提供：サムシングファン

とも可能です。

おそらく簡単な編集であれば、御社の社員の中に好きな方がいることも多いのではないかと思います。お子さんの運動会や学芸会のビデオを編集する方は多いので。

繰り返しになりますが、編集にこだわるよりも、できるだけ編集をしなくて済むように撮影する段階で考えておく方が時間短縮になります。

CHAPTER 9

第九章

オンライン採用をスムーズに行うには

LINE RECRUIT REVOLUTION!!

対面での面接とまるで違うオンライン採用

オンライン採用が当たり前の時代になりました。もう以前のように、面接は対面のみという時代に戻ることはないでしょう。そこで、オンライン採用について解説していきましょう。オンライン面接を行った方はご存じだと思いますが、対面での面接とオンライン面接はずいぶん勝手が違います。

大きなポイントとして、初対面の人とはパソコンの画面越しでは話しづらいという点があります。企業側はまだいいとしても、学生にはかなり負担になると思われます。

そのため学生の本来のパフォーマンスを引き出せない点を考慮する必要があるでしょう。採用担当も緊張をほぐすために雑談や軽い話題から入るスキルやコミュニケーション力も対面での面接に比べると必要です。

また、ネット環境や雑音など、面接に集中できる環境かどうかという点にも注意が必要です。パソコンを持っていない学生もいますので、スマホを利用することも多いでしょう。スマホだと画面が

今後は必須となるオンライン面接

Zoomでの1対1の面接の様子。Zoom上でメモを表示、記入したりすることもできる。
画像提供：ネオキャリア

小さいので、資料を表示する場合はいつもよりも相当**大きめの字を使う**ことを意識しなければなりません。特に、グラフや表などは非常に見づらいので、注意してください。

オンライン面接の良い点は、学生が御社に来社するための交通費や移動時間がかからないことです。費用と時間が節約できます。遠方の学生もエントリーしやすくなります。これらの点は、企業にとっても学生にとってもメリットです。

学生からするとエントリーしやすくなるので、おそらくエントリーする企業数が増えることになるでしょう。ですからオンライン面接のスキルを磨き、学生にマイナスイメージを持たれないようにすることが不可欠です。

何度かテストして慣れること、準備をきちんとして環境を整えること、この2つをちゃんとやれば恐れることはありません。しかし、準備や練習が不十分なままでナメてかかると危険です。

そもそも、説明会も対面とオンラインでは、大きく異なる点があります。大きく違うのは、オンラインだと**受け取ることができる情報量が圧倒的に少ない**という点です。対面の説明会の場合、無意識のうちに目から大量の情報を入手することができます。表情、態度、姿勢などです。ところがオンラインだと、表情はわかるものの態度や姿勢はわかりづらいです。顔を中心に、せいぜい胸から上しか見えませんから。一人ならまだいいのですが、10人以上になると、すぐに全員の表情を確認するのは非常に難しいでしょう。社内の打合せや会議などで、何度か回数をこなして慣れるしかありません。

またオンライン採用では準備が非常に重要です。次で準備する必要があるものについてお伝えします。

オンライン採用に必要な準備

まずオンライン採用に必要な物は、ノートパソコンです。現在、ご利用中のもので構いませんが、カメラとマイクがついているかは確認してください。もしカメラとマイクの有無がわからない場合は、テストをしてみればすぐわかります。最近のノートパソコンはカメラ、マイクが付属しているものが多いです。

また、オンライン面接時にはパソコンを2台用意してください。フリーズしたり、回線トラブルがあったときにすぐにパソコンを変更できるからです。またもう一つの理由として、自分が画面上で相手にどう見えるのか確認できた方がいいためです。

また、できればもう一人スタッフを確保して、フォローしてもらうほうがいいでしょう。

ノートパソコンにカメラが付いている場合でも、カメラの解像度が低過ぎると、学生側の方に自分の顔がぼやけて写ってしまいます。必ず社内打合せなどで事前にテストしてご確認ください。通常の利用に耐えると思われた場合はそのままで構いません。

カメラの解像度が低い、もしくはカメラがない場合は、Ａｍａｚｏｎや楽天、ヨドバシカメラ等で購入してください。ロジクール製品がお勧めですが価格が高騰しておりますので、他社のものでも構いません。取引先か家電量販店で用途を伝え、お聞きになった方がいいでしょう。

お急ぎの場合は、大手家電量販店など、日本の実績ある会社でお求めください。

Ａｍａｚｏｎの場合、ＷＥＢカメラのようなデジタル製品はメーカーや販売店が多岐にわたります。また互換性、対応や品質はピンキリなので慎重に選ぶ必要がありますし、きちんとした会社を見分けるには時間がかかってしまいます。

評価の高いWebカメラ

ロジクールの「C525n」というカメラ。人が動き回ったり、カメラに近づいても常にシャープな映像を実現。6,483円（税込）（Amazon）

リスクを取って安いところで買うか、価格はやや高くても安心な店で買うか、2つに1つということになります。各自でご判断ください。

マイクが必要な場合も同様ですが、もっとも手軽なのはスマホで使うイヤホンマイクを使用することです。安物のマイクよりも音質が良いですし、イヤホンもよく聞こえます。

難点は、長時間になると耳が疲れることです。そこも個人差がありますので、テストしてご判断ください。有名メーカー品を買うか、家電量販店、もしくは大手販売店のネットショップで購入するのがお勧めです。

次に、ネット環境を確認してください。

多くのオフィスで光回線のインターネットをご利用だと思います。その場合、できるだけノートパソコンにＷｉ－Ｆｉでなく、有線ＬＡＮ接続で直接繋ぐことをお勧めします。回線が一番安定するからです。有線ＬＡＮで直接繋ぐのが難しい場合は、Ｗｉ－Ｆｉでも構いません。ただし事前に、接続が途切れたりしないか必ずテストを行ってください。

念のため、スマホの４Ｇ回線でも接続できるようにサブ回線を用意するのがお勧めです。

その次に、オンライン面接のためのツールについてお伝えします。

お勧めは、「Ｚｏｏｍ（ズーム）」です。なぜなら、無料でも使えますし、有料でも月２，０００円と低額で使い方も簡単です。またタブレット、スマホでも使えますので学生側の環境も問いません。ただし、タブレットやスマホの場合、事前にアプリのインストールが必要になります（パソコンの場合は、Ｗｉｎｄｏｗｓでも Ｍａｃでもブラウザから Ｚｏｏｍを利用できます）。

Ｚｏｏｍの問題点として、一時期は確かにセキュリティの問題があり話題になりました。今では解消されていますし、問題の多くはＺｏｏｍの責任というより運用側の問題でした。「Ｚｏｏｍ爆弾」とも呼ばれた、Ｚｏｏｍで話題になった問題の内容は次の通りです。

・部外者が突然ミーティングに乱入し、大声を出す

・ホワイトボードなどに落書きをされる

といったことが起こりました。

Ｚｏｏｍ爆弾が発生してしまった1つめの原因は、**ミーティングのパスワードを設定していなかった**ことです。以前は、パスワードの設定は自由でしたが、今ではパスワードを必ず設定するように仕様が変わりました。

2つめの原因は、電話での参加を許可していたことです。日本だと、インターネットから参加するのが普通ですが、アメリカでは電話から参加する人もいるようです。

対策としては、設定で**「コンピュータのオーディオのみ」にチェック**してください。電話のチェックは外します、2つめの対策は、これだけでＯＫです。

3つめの原因は、Ｆａｃｅｂｏｏｋのタイムラインなど、不特定多数の人が見ることができる場にミーティングＩＤを書き込んだことです。この対策は当たり前ではありますが、**公開されている場所にミーティングＩＤは書きこまない**ことです。

また、大きく改善されたこととして、**待機室が新たにできた**ことが挙げられます。いきなりミーティングが始まるのではなく、一度待機室に入ります。許可されたらミーティングに参加できるのです。ただ、人数が多くなるといちいち許可するのが大変になるので、待機室を使うかどうかはケースバイケースでお考えください。

以上のような対策がＺｏｏｍ側で行われてからは、Ｚｏｏｍ爆弾の件は聞かなくなりました。こと採用に関していえば、「非常に重要な企業秘密を採用の場で話すのか？」という視点でお考えいただければよいと思います。

Ｚｏｏｍをお勧めする点は、まだあります。

録画できることです。無料プランの場合、3人以上だと40分まで録画が可能です。有料プランの場合は時間制限がなくなります。また無料プランの場合、録画したファイルはパソコンにしか保存できませんが、有料プランの場合はクラウド上に保存することもできます。クラウドの容量は1ＧＢなので、多くの学生と面談する場合はオプションで容量を増やすことをご検討ください。スペックの高いパソコンでメモリー容量も多めの場合は、パソコンのみの保存でも問題ないと思います。録画することにより、面接を担当していない人も確認することができます。これは、オンライン面接ならではの大きなメリットです。

また、便利な機能としてＺｏｏｍでは、「ブレイクアウトルーム」という小部屋を使うことができます。3～4人ずつなどに分かれて討議ができます。これは、他の会議システムにはなかなかない機能で、グループディスカッションをさせるときなどに非常に有効です。

以上のように操作性を考えると、オンライン採用で使うシステムはZoom一択というのが、私の考えです（※2020年6月時点）

では、具体的なオンライン面接の手順について解説していきましょう。

スマホやタブレットの場合は事前にアプリのインストールが必要なことを必ずお伝えください。そして、オンライン面接の場合は対面よりも距離が近いので、慣れていない学生は緊張すると思います。その点を考慮すると共に、企業側も練習しておいた方が無難です。対面で話すのと、画面を通して話すのでは勝手が違うからです。

Zoomの使い方は以下のような流れになります。YouTubeで検索していただくとわかりやすい解説の動画がたくさん出てきます。それを参考にしつつ何度かテストすればわかると思います。

Zoomでのミーティング

通常はこのようにスピーカー（話者）の画面が大きく表示されます（アクティブスピーカー表示）。

キャプション=全員を均等の大きさに表示することも可能（ギャラリービュー）。
画像提供：日商エレクトロニクス

①Ｚｏｏｍ．ｕｓにアクセスし、アカウントを登録する
▼
②面接日時が決まったら、スケジュールに入力する
▼
③面接ごとにＺｏｏｍでＩＤを発行し、対象の学生に伝える
▼
④Ｇｏｏｇｌｅカレンダーや Ｏｕｔｌｏｏｋなどに入力する（連動可）
▼
⑤面接時間が近づいたら、早めにログインして待機しておく
▼
⑥Ｚｏｏｍの待機室を利用する場合は、学生が待機室に入ったら入室を許可する（待機室を使わなくてもよい）
▼
⑦面接開始

Ｚｏｏｍをパソコンで使う場合、操作ボタンは画面の下に表示されます。ミュート（音声）のオンオフ、ビデオ（画像）のオンオフは頻繁に使うことになります。資料を見せる場合は、「画面を共有」から、共有したい文書を選びます。

画面共有の少し右に、レコーディング（録画）ボタンがあります。録画しようと思っていても忘れてしまう場合があるので、面接が始まる前に押しておきましょう。アシスタントの方がいる場合はアシスタントの方が押すことにしてもいいでしょう。

学生が操作に慣れていない場合もありますので、面接の前に少し予備時間を取っておくとといいでしょう。

終了を押すと、面談が終了し録画も止まります。しばらくすると、メールで通知が届きます。通知が来ると、録画と音声のダウンロードもできます。

採用セミナーで利用する場合は、開始前にミュート（音声）をオフにすることが重要です。カフェのように雑音が入る場所で参加する学生もおり、その音声をオフにするためです。また自宅の学生の場合でも、小さな兄弟や赤ちゃんがいる場合など、雑音や話し声が聞こえてしまうことがあるでしょう。

録画を行うには

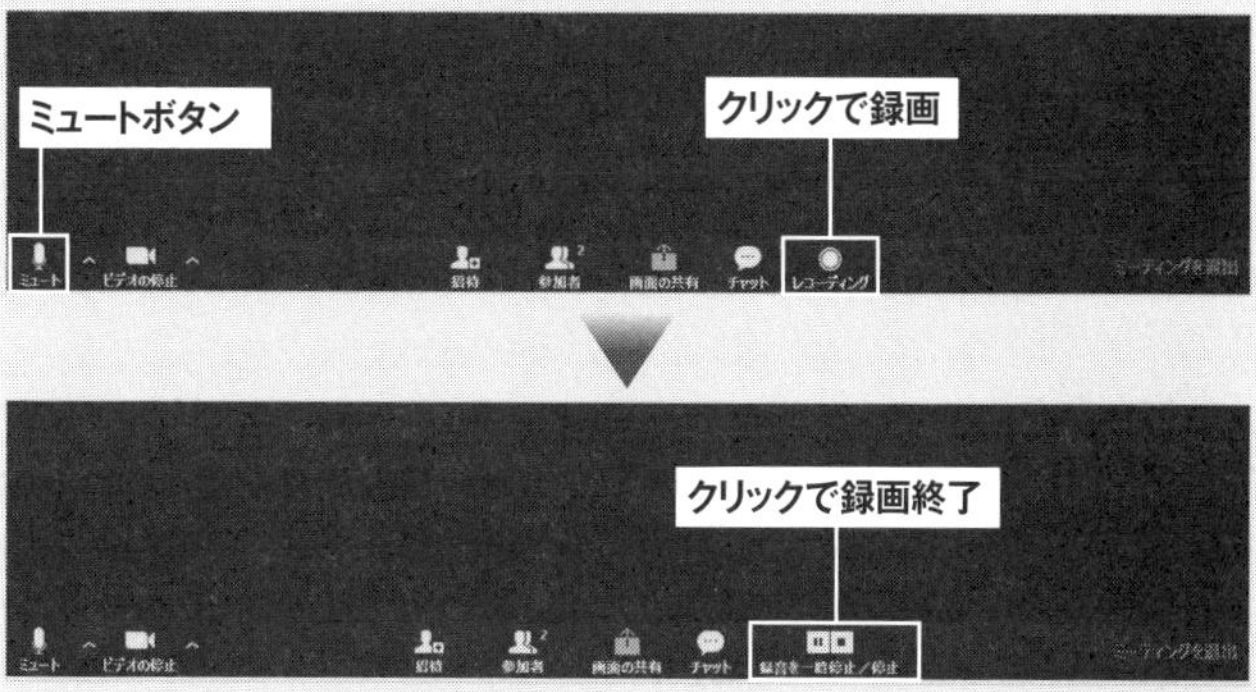

「レコーディング」をクリックで録画開始。「録音を一時停止／停止」をクリックで録画をストップできる。

一斉にミュートをオンにする機能もありますが、遅れて参加する学生もいると思います。スムーズなセミナーを行うためには、いろいろな状況を考慮して、こまめにミュートをオンにして音声が入らないようにしてください。オンライン面接の場合、画質よりも音声が気になります。雑音が入るとお互いに集中できませんので。

採用セミナーで利用する場合、参加人数は100人までになり、それを超える場合には別途オプション契約が必要になります。

また、採用セミナーの場合、通常の「ミーティング」で開催するのか、それとも「ウェビナー」で開催するのかも検討する必要があります。ウェビナーというのは、視聴のみを行う出席者も想定したシステムのことで、より多くの人数（最大10,000人）が参加することが可能です。ウェビナーの場合、誰が参加しているのか参加者同士はわかりません。

企業側は誰が参加しているのかわかりますが、参加者の反応はまったくわかりません。顔も見えませんし、声も聞こえませんから、運用には準備が不可欠です（チャットに入力したり、質問することはできます）。しかし声掛けしないと、なかなか反応してくれません。ウェビナーを使う場合は、どこでどういう声掛けをするのか、シナリオをしっかり考えておくことが大切です。企業側が操作すれば、声を聞くこともできます。

一人で進めながら操作もするのは難易度が高いので、最低でもアシスタントが一人いた方がいいでしょう。また、ウェビナーは有料オプションで、別に月額約6,000円が必要となります。月単位での利用や解約が可能です。

通常のミーティングだと、顔が見えます。学生同士のディスカッションがある場合は、ミーティングでの開催になります。その場合はビデオをオンにして、顔出しすることと名前を本名で表示するよう指示してください。

終わりに

新卒採用も中途採用も企業と求職者のお見合いのようなものだと思います。正しい求人情報をきちんと発信して、御社に合った人材を採用することがお互いにとってハッピーなことです。そうすれば内定辞退も少なくなるはずですし、退職率も下がるはずです。

エントリーの多い大企業の場合は、ふるい落とすための選考にならざるを得ません。

一方、中小企業は、エントリーはそれほど多くない企業が多いのではないでしょうか。本質的な課題としてエントリーを増やす努力は大切ですし、継続しなくてはなりません。まずは興味を持ってくれた学生に応募してもらい、確実に選考に進んでもらうようにするだけでも効果があると考えます。

母数を増やすよりも、確率を上げる方が簡単ですし即効性があります。自信を持って学生にアピールするためには自信が持てるだけの準備が必要です。

他社と比べて、アピールできるところは何か？　社員インタビューや社長の思い、会社の成り立ちなどを通じて考える必要があります。

その過程で、会社に対する思いが強まることにも繋がるでしょう。

休日や給与などの条件も大切ですが、「この会社が好きだ」という採用担当者の姿勢は、必ず学生に伝わります。口だけでいっているのか、本当にそう思っているのかは、学生も感じとるでしょう。学生も就職活動という初めての経験で緊張もするでしょうし、不慣れなこともあると思います。

学生の就職活動に寄り添い、より良いものになるようにサポートする姿勢があれば、きっと学生に伝わります。社員を大切にする会社が良い学生と出会える機会が増えることを心から願っております。

ＳＮＳや口コミサイトの普及で、嘘がつけない時代になりました。調子の良いことをホームページ上でいっていても、口コミサイトを見ると辛辣なことを書かれているケースをときどき目にします。学生の目をひくために、耳障りの良いことをいうのはおやめください。やっていること、できることを誠実に伝え、ウソのない採用にお取り組みいただけたら幸いです。

ブラック企業があるのも事実です。しかし今では、ＳＮＳでどんどん見える化されています。表裏がある企業は負の部分を隠せなくなっています。

しかし実際に行なっている御社の取り組みは、遠慮なく漏れなく、伝える努力は必要です。そうしなければ社員数や売上、年間休日、初任給、業種など一般的なスペック以外の違いがよくわかりません。

誇張せず、ありのままを誠意をもって伝え、共感してくれる学生を採用すれば、ミスマッチがなくなり、御社にとっても学生にとっても良い結果に繋がるはずです。

最後になりますが、今回の出版にご尽力頂いた、スタンダーズ社の皆さまと事例にご協力いただいた各社にお礼申し上げます。ありがとうございます。

いつも支えてくれている、妻と娘に感謝をして筆を置きたいと思います。

斎藤元有輝

LINE採用革命！

読者プレゼント

あなたの会社に最適な人材が見つかる

採用戦略マップ

解説音声つき

本書をお読みいただき、ありがとうございます。

あなたの会社でLINEを採用に活用して、欲しい人材を採用するイメージができましたか？　LINE、採用サイト、YouTubeの採用三種の神器を活用するための、あなたの会社ならではのアクションプランを作ってみてください。

その際、この「採用戦略マップ」をぜひご活用ください。このマップにしたがって進めることで、あなたの会社の採用計画は確実に前進するはずです。

この無料プレゼントを手に入れるには

http://ur2.link/WcbX

PDFファイル+音声ファイル

スマホからこのQRコードを読み取っていただくか、PCなどで下記URLにアクセスしてください。

※この無料プレゼントは、ウェブサイト上で公開するものです。冊子やCDをお送りするものではありません。プレゼントは予告なく終了することがあります。ご了承ください。

LINE 採用革命!

LINE RECRUIT REVOLUTION!

2020年8月5日　第一刷発行

著者　斎藤元有輝
装丁　ゴロー2000歳
DTP　西村光賢

SPECIAL THANKS
株式会社アート・プラ
浅野允
株式会社 WEBマーケティング総合研究所
ダイイチデンシ株式会社
株式会社ネオキャリア
平賀運送 株式会社

編集　内山利栄
発行人　佐藤孔建

印刷所：三松堂株式会社
発行・発売：スタンダーズ株式会社
〒160-0008　東京都新宿区
四谷三栄町12-4 竹田ビル3F
営業部(TEL)03-6380-6132